■ 山东省社会科学规划研究项目文丛·青年项目

中国权利性条款立法规范化研究

张 鹏 著

中国社会科学出版社

图书在版编目（CIP）数据

中国权利性条款立法规范化研究／张鹏著．—北京：中国社会科学出版社，
2016.1

ISBN 978 - 7 - 5161 - 6737 - 3

Ⅰ.①中… Ⅱ.①张… Ⅲ.①公民权 - 立法 - 研究 - 中国 Ⅳ.①D921.04

中国版本图书馆 CIP 数据核字（2015）第 173990 号

出 版 人	赵剑英	
责任编辑	许　琳	
责任校对	朱妍洁	
责任印制	何　艳	

出　　　版	中国社会科学出版社	
社　　　址	北京鼓楼西大街甲 158 号	
邮　　　编	100720	
网　　　址	http：//www. csspw. cn	
发 行 部	010 - 84083685	
门 市 部	010 - 84029450	
经　　　销	新华书店及其他书店	

印刷装订	北京市兴怀印刷厂	
版　　　次	2016 年 1 月第 1 版	
印　　　次	2016 年 1 月第 1 次印刷	

开　　　本	710×1000　1/16	
印　　　张	11. 75	
插　　　页	2	
字　　　数	199 千字	
定　　　价	46. 00 元	

凡购买中国社会科学出版社图书，如有质量问题请与本社营销中心联系调换
电话：010 - 84083683

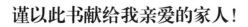

谨以此书献给我亲爱的家人！

序　言

中国特色社会主义法律体系的建成，为立法工作提出了新的要求。权利立法该往何处去？成为萦绕在笔者脑海中挥之不去的问题。得益于笔者的导师汪全胜教授的启发和指导，这一命题最终成为笔者博士毕业论文的选题。

在加拿大的学习和生活经历改变了笔者对一些问题的看法。这缘于笔者与加拿大萨斯喀彻温大学乔治·塔努斯教授（Professor George Tannous, University of Saskatchewan）全家的一次对话。当笔者提及中国发生的老人跌倒究竟该不该扶的社会争议时，热情的教授一家告诉笔者，在加拿大也时常见到这样的情况，而大家的回答是"不"———一个坚决却略带愧疚的"不"。相比国内媒体的道德追问，这个答案让笔者唏嘘良久。之后，在加拿大生活的点点滴滴让笔者有了更深的感触：我们经常听说国外的人们如何遵守交通规则云云；但在萨斯卡通市，行人横穿马路并不罕见，在那些经常发生此类情况的路段，政府一般会竖起"禁止横穿马路（No Jaywalking）"的警示牌；在卡尔加里市、埃德蒙顿市，下午六点之后的主城区是如此让人不敢相信的清静，而此时行人横穿马路、闯红灯也成了见怪不怪的"风景"……当笔者更加深入地了解加拿大，更加深入地研究加拿大的法律制度及其社会背景，更多的思考浮现出来，特别是亚洲人在这个强调多元文化的发达国家所经历的人权变迁，让笔者彻底冲破原有思维之墙，自信、自主地审视中国的社会问题。国内某一社会争议的出现或反弹，并不见得是国人素质或者道德水平的滑坡所引发；相反，正是由于应对策略的失误所导致。解决这些社会问题，不能只是寄望于抽象的道德教育和严苛的责任震慑，而是应当深挖实践根源，找到理性、服众、智慧的解决办法。这样的思路转变为笔者原本深陷迷雾的权利立法研究打开了一扇窗：权利立法的重要性不仅仅在于她宣示了怎样的权利观念，更在于她赋予了我们怎样的生活秩序、怎样的主体关系。世界视野下的本土实践，才是权利立法进一步发展的终极根据。

拙作尝试突破权利本身的概念剖析，换作在权利理论对权利立法的影响中反思两者发展的得与失，在权利实践中探寻权利立法与权利理论的发展动力。能力所限，恐难给出一个圆满的答案，只是将现有思考的答案奉上——拙作是在笔者博士毕业论文的基础上修改而成，融入了笔者在加拿大萨斯喀彻温大学法律博士（JD）就读期间的收获。

目　录

导　　论

一　问题的提出

到 2010 年年底，一个立足中国国情和实际、适应改革开放和社会主义现代化建设需要、集中体现中国共产党和中国人民意志，以宪法为统帅，以宪法相关法、民法商法等多个法律部门的法律为主干，由法律、行政法规、地方性法规等多个层次法律规范构成的中国特色社会主义法律体系已经形成。① 雄关漫道真如铁，而今迈步从头越。站在新的历史起点，全面推进依法治国方略，就要从构建中国特色社会主义法律体系走向中国特色社会主义法治体系，② 要从"有法可依"迈向"善法之治""良法善治"。③ 在这一过程中，不可或缺的关键一条就是要让写在纸上的法律真正落实为现实的法律秩序。法律，不再只是解决矛盾冲突的机制，而是有效推动人们合作的事业；④ 法治，不是手段，而是成为人民共同的生活方式，"真正成为全体公民信仰和遵从的行为规范"⑤。

然而，要想让法律规范落实为法律秩序，前进的道路不会是一帆风顺的。从现有法律司法适用的情况来看，"已制定的四百个法律中，司法机

---

① 国务院新闻办公室：《〈中国特色社会主义法律体系〉白皮书发布》，2011 年 10 月 27 日，中国政府网（http：//www. gov. cn/jrzg/2011 - 10/27/content_ 1979498. htm）。

② 梁捷：《徐显明：形成法治体系是未来十年主要任务》，《光明日报》2013 年 2 月 21 日第 15 版。

③ 李林：《"良法善治"下实现稳定和谐》，《人民日报》2011 年 1 月 5 日第 17 版。

④ 参见伯尔曼的论述，"法律的目的不仅仅在于管理：它是一种促成自愿协议的事业……它也是分配权利和义务和由此解决冲突和创造合作渠道的一个生活的过程"。［美］伯尔曼：《法律与革命》（第一卷），贺卫方等译，法律出版社 2008 年版，第 4—5 页。

⑤ 王君琦：《如何从法律体系迈向法治体系——著名法学家关于中国特色社会主义法律体系形成的基本问题答问录》，《北京日报》2011 年 3 月 21 日第 17 版。

关经常据以办案的只有三十几个，适用法律比较多的法院，所适用的一般也不超过五十个”，周旺生教授直言，"中国法之难行的根源……在于立法质量不良"，"立法违背科学……使法先天不足难以实行"。① 以近来社会反响强烈的"中国式过马路"现象为例，现实与法律的冲突恰恰成为重新审视立法思路的切入点和推动力。过马路，看似一个简单的问题，想来似乎只要设置好红绿灯、制定好法律规则，一切问题就该烟消云散了。正如有学者所主张，定纷止争的法制权威是"理所当然的、不证自明的"，诸如"车辆是左行还是右行、小转弯是否也要等绿灯、直行车优先还是转弯车优先、高速道路的时速是 80 公里还是 100 公里，都没有对错之分……只要规定清楚了并严格执行之，就可以达到社会的预期目标"。② 然而，"中国式过马路"的乱象恰恰成为否定这一观点的最好注脚。所谓"中国式过马路"，讽刺的是国人过马路不看红绿灯只看人的独特现象——"凑够一拨人马上走，跟红绿灯没有关系"③。有不少学者就此展开研究，将该问题的产生归咎于国民素质不高、道德水平滑坡等。相应地，各地政府多采取了倡导宣传教育、加大处罚力度等应对措施。④ 但是，自上述措施实施以来，不断有行人与交警发生冲突的新闻传来；更何况行人这么多，交警和协管员根本管不过来，也罚不过来；⑤ 如果为此要在每个路口都增加警力或是增设违章摄像头，高昂的执法成本恐将远远超过所得之收益。我们不禁要问，前述思路是否能够从根本上解决现实问题？还是解决问题的思路出现了什么偏差？实际上，前述思路隐含了这样一个逻辑预设：人们未能遵守现有法律，原因就在于人们的素质和道德水平不高，无法达到自觉践行法律义务的文明程度，这就需要依赖宣传教育

---

① 刘爽：《中国立法，技术"粗劣"——周旺生教授访谈》，《法律与生活》2004 年第 7 期，第 11 页。

② 季卫东：《论法制的权威》，《中国法学》2013 年第 1 期，第 25 页。

③ 刘庆传：《"中国式过马路"考问"中国式管理"》，《新华日报》2012 年 10 月 17 日第 B03 版。

④ 参见杨毅沉、郭宇靖、朱东阳《学会过马路有多难？》，2013 年 5 月 6 日，新华网（http://news.xinhuanet.com/legal/2013–05/06/c_115659200.htm）；刘力《整治"中国式过马路"还需"两手抓"》，2013 年 5 月 7 日，凤凰网（http://news.ifeng.com/opinion/gundong/detail_2013_05/07/25006243_0.shtml）。

⑤ 张辉、李丽：《严惩中国式过马路面临操作难题》，《中国青年报》2013 年 5 月 17 日第 3 版。

和加强执法来加以刺激。这个假设成立吗？

在笔者看来，人的素质和道德水平的高低，会影响到法律实施的效果；但人们的素质和道德水平的高低，是无法从人们是否遵守法律来进行判断的。也就是说，法律难以得到实施，并非一定是人的素质和道德水平在作祟。如果认为酷刑的废除、由法律责任取代同态复仇等是人的素质的提高和道德的进步，那么，这样的整体评价是站在今天的角度回顾历史的结果。从历时性上来说，人的素质和道德水平是在一个社会的某个特定的历史阶段所形成的总体判断，这一总体判断会因为社会的不断发展而迥然不同。"每个社会，社会中的每个次文化群体，无论是过去还是现在，都有一个道德法典，但这个道德法典是该社会或该次文化群体的生活必要塑造的，而不是因为看到了某些有关道德责任的重大渊源而出现的。在一定程度内，这个法典是对这些社会的必要顺应，外人不可能令人信服地批评这个法典……当战胜者不能养活或释放战俘乃至除了奴役就只能杀死战俘时，奴隶制就会是常事……说'例如，我们对奴隶制的看法就对了，古希腊人就错了'，这种说法是很狭隘的。"① 从共时性上来看，处于同一历史时期的不同社会，也会形成根本不同的道德判断。例如，"在对性任其自由之态度或取女权主义意识形态的文化中，人工流产是道德的；但是在那些希望限制性自由、推动人口增长或推动生命神圣之宗教信仰的社会中，人工流产就不道德"②。归纳上述两个方面，波斯纳认为道德进步只是一种相对概念：如果有人提出重新引入奴隶制，大多数美国人会说这是一种倒退，原因并不是因为现在的美国人比 1860 年的美国人道德更为进步，而是因为所谓的不道德只是在描述现在的道德感受。③ 但在笔者看来，道德进步同样具有绝对意义。道德认同或不认同本身是人为判断的结果，尽管这种判断并不一定经过深思熟虑，或许只是直觉判断，但这种判断或许恰恰是道德进步所产生的潜移默化的影响，是长期以来人们为道德进步而奋斗的结果。因此，并不能否认一个社会的道德水平在一定时期内是会迈向前进的。例如，无论在中国，还是在西方，隐私权逐渐获得社会的承认和法律保障，不得不说，这是一种道德上的进步。但是，法律只可能是社会总体道德判断的结

① ［美］波斯纳：《道德和法律理论的疑问》，苏力译，中国政法大学出版社 2001 年版，第 21—22 页。

② 同上书，第 26 页。

③ 同上书，第 27 页。

果，却无法成为判断一个社会道德水平高低的前提。从法律的形成而言，如果社会公众整体上认同某一种道德进步，那么，立法者可以通过法律将其规定为每个社会成员都应当遵守的法律规则。但这并不是说，立法者可以通过制定法律来强制推行某种道德观念。一项不能为人民所接受的伪道德要求最终只能被历史前进的车轮碾得粉碎。因此，人们是否遵守法律，并不能体现出人们的素质和道德水平的高低；如果法律实施效果不佳，也不能一并怪罪到老百姓的素质和道德水平头上。

具体到"中国式过马路"问题，媒体的呼声、官方的举措，多是以居高临下的姿态开展的一场场人性批判。然而，在热烈的社会争议过后，具体的解决办法始终难有突破。人们不禁要问：人的素质这么多年来究竟提高了没有？人的素质究竟提高到什么程度才能够达到实施现有法律的标准要求？为什么一项法律制度被人民弃之不理，取而代之的居然是个体实践经验和随机的相互博弈？依拙见，如果一项法律制度实施效果不佳，真正应当引起重视和加以改变的不是制度外问题，反而恰恰是法律制度自身。当立法者的制度设计预期在现实生活中被碾得粉碎，立法者、法学工作者、媒体甚至全社会应当做的不是指责他人素质抑或道德水平低下，更不是置身事外地高谈阔论如何不顾风险牺牲自己成全他人，而是应当认真反思我们的制度设计究竟出了什么问题；不是十年如一日地苦苦等待人的素质的提高，而是应当在法律受众的现有素质的基础上来反思法律究竟该如何转变设计思路才能真正符合现阶段的秩序需求。总之，"中国式过马路"问题的根本成因，在笔者看来，是行人优先通行权的制度设计存在理性缺陷。

接下来，让我们转换视角，从守法者的角度来看看这项法律制度的设计到底存在什么缺陷。"中国式过马路"，为何行人不顾红绿灯而是凑堆而行？退一步而言，是不是驾驶员和行人的素质都大幅提高，都自觉遵守法律，问题就会迎刃而解了呢？答案恐怕是否定的。行人的优先通行权的实现始终受到另一项权利的威胁——右转机动车的道路通行权。根据《中华人民共和国道路交通安全法实施条例》①第38条第1款第1项规定，"（一）绿灯亮时，准许车辆通行，但转弯的车辆不得妨碍被放行的直行车辆、行人通行"；第3款规定，"红灯亮时，右转弯的车辆在不妨碍被放行的车辆、行人通行的情况下，可以通行"。也就是说，右转机动车无论在红

---

① 以下简称《道路交通安全法实施条例》，其他法律文本名称亦同，除表格内统计使用除外。

灯还是绿灯的条件下，都可以右转。为了防止这一权利的行使对行人的优先通行权造成阻碍，立法者还特意加上了限制条件——"不得妨碍"行人通行。但是，机动车驾驶员究竟该怎样做才能实现不妨碍行人条件下的"可以通行"呢？应当减速避让行人还是停车让行行人？① 是在己方一侧的停止线前作出避让动作，还是右转之后行驶至人行横道前才作出避让动作？礼让的对象是已行至人行横道与右转车道重合部分的行人，还是要让行整条人行横道上的所有行人？正因为缺乏具体的行为规范，立法也无法对没有正确礼让行人的驾驶员设定任何法律责任；各地执法的差异让很多司机对上述规定全然不以为意。② 实践中，常见的情形是，右转机动车见缝插针，根本不会让行行人；而行人即使走上斑马线也不敢与车辆抢行，只能默默等待或是凑够足够多的人来逼停机动车辆。③ 守法者所面对的困境远远不止这一例，而元凶竟然就是法律制度的不科学、不合理！

　　法律制度设计的初衷自然毋庸置疑，但在"以人为本、立法为民"的理念指导下，如何提高立法质量、构建科学理性的法律制度已成为立法者必须要解决的难题。不要忘记，法律最终是以权利和义务作为机制调整人的行为和社会关系的。④ "任何国家的立法，都是国家确定人们的权利和义务，并使之规范化和制度化的过程。"⑤ "一个法治社会是社会关系主

---

　　① 这里涉及《道路交通安全法》第 47 条第 1 款的规定，"机动车行经人行横道时，应当减速行驶；遇行人正在通过人行横道，应当停车让行"。该条规定表面看上去没有什么问题，但实际上，有两个问题值得注意：第一，机动车行经人行横道，是指机动车己方一侧的人行横道，还是包括另一侧在内的整条人行横道呢？双向双车道和双向四车道及以上的道路是否应当作出区别呢？第二，如果有行人马上就要迈上人行横道，此时车辆是该减速还是停车让行呢？

　　② 青岛市采用了两种不同的处罚方式，在设置"红灯亮时禁止右转"提示牌的路口，红灯亮时右转车辆与行人抢行的，按"闯红灯"给予处罚，罚 200 元记 6 分；在"右转车辆注意避让行人"的路口，按照违反禁令标志给予处罚，罚 100 元扣 3 分。问题是，在没有设置提示牌的路口，对右转车辆违法行为该怎么处罚？再者，同种违法行为被处以不同的法律责任，或按照类比其他违法行为来进行处罚，这样的做法是否合法需要打上大大的问号。

　　③ 在北京、青岛等地，行人与右转车辆的"较量"在很多路口屡见不鲜。有的右转弯机动车不仅不避让行人，反而加速穿越斑马线。参见杨柳等《右转车不让行　过斑马线总得抢》，2013 年 5 月 9 日，北青网（http://bjyouth.ynet.com/3.1/1305/09/7997771.html）；陈勇、刘刚、栾心龙《26 处路口右转，看灯——交警部门在路口设置提示标志　右转弯不让行人将挨罚》，《青岛早报》2013 年 6 月 25 日第 50 版。

　　④ 张文显主编：《法理学》（第 3 版），高等教育出版社 2007 年版，第 139 页。

　　⑤ 张文显、姚建宗：《权利时代的理论景象》，《法制与社会发展》2005 年第 5 期，第 7 页。

体的权利义务与法律规范设定的权利义务高度一致的社会。"① 法律制度
设计的规范化自然应当由此入手。在我国法理学理论中，主流学说认定权
利义务都具有指导人们行为的功能，但同时指出：权利提供的是不确定的
指引；而义务则提供确定的指引。② 这一区别也被灌输到立法思想之中，
具体体现为：我国法律中的义务性条款作为法律要求的行为或禁止的行
为，规定得相对明确、具体；而权利性条款则应注重权利观念的宣示，给
当事人"留下了较大的自我选择余地"，"预设的法律后果带有较大的或
然性即不确定性"③。但是，"我们社会中的大多数成年者一般都倾向于安
全的、有序的、可预见的、合法的和组织的世界。这种世界是他所能依赖
的，而且在他所倾向的这种世界里，出于臆断的、难于控制的、混乱的以
及其他诸如此类的危险事情都不发生"④。正是由于权利性条款给当事人留
下了太多自我选择的空白，所以导致实践中权利性条款的规定反倒成为实
践中暴露最多问题的弱项，缺乏可操作性的保障，实难转化为人们的自觉
行为。

因此，要实现中国法治建设重心由"有法可依"向"有法必依"的
转变，不能只是一味地强化法律责任或是严格执法，而是要走群众路线，
在实践中检验法律制度的合理性，用人民群众的智慧回馈立法、推进立
法，实现法律与社会的相互协调。站在新的历史起点上，立法思维既不能
单纯是法学研究的思维模式，也不能成为只着眼于司法审判中个案的冲突
和争议的解决之术。法治要真正贯彻成为人民自觉的生活选择，成为人民
自觉的行动理由，就需要法律法规真正给出科学合理的行为指引；就需要
法律法规以严谨而又明确的方式让每一个人都能掌握该如何行为；就需要
让每一个人都因为这样行为而获得更高的效率、更加安全有序的环境；就
需要让老百姓从心底里折服于制度设计的理性和智慧，以致没有人认为
"个人的理性……要比法律更为英明"⑤，由此让老百姓真正"有法能依"

① 信春鹰、席锋宇：《信春鹰：见证国家法制化前行之路》，《法制日报》2012 年 9 月 8
日，第 1 版。

② 张文显主编：《法理学》（第 3 版），高等教育出版社 2007 年版，第 147 页。

③ 同上。

④ 周长龄：《法律的起源》，中国人民公安大学出版社 1997 年版，第 127 页。

⑤ Daniel R. Coquillette, *The Anglo-American legal heritage: introductory materials*, Durham:
Carolina Academaic Press, 1999, p. 317.

"有法愿依""有法必依"，打心底里养成规则意识。

二　研究思路

现有"中国式过马路"问题的解决方案，将矛头错误地指向人的素质和道德水平等制度外的因素，却并未从制度内部开展批评与自我批评。这一思路恰恰是典型的"中国式思维模式"在法治实践之中的体现。所谓"中国式思维模式"是指"话题飞速地转移到另一个主题，而且下意识地在几个不相干的主题之间兜圈子……造成我们中国人在讨论问题时，思维总在一个圈子里绕，很难走出来"①。"中国式过马路"和跌倒老人扶与不扶的社会争议将这一思维模式的弊端表现得淋漓尽致：在"中国式过马路"现象中，行人优先权制度形同虚设，社会舆论却将矛头对准行人的素质和道德水平；在老人跌倒扶还是不扶的争议中，人们担心好人没好报、无辜承担法律责任，社会舆论却总是妄图注入道德强心针，仿佛只要人人敢扶、人人愿扶跌倒的老人，恶意的诉讼、吃亏的好人就不会再现。如此思维模式，虽然能够产生一时的社会效果，却远远不能从根本上解决上述社会问题。正如黑格尔所言，"真正的否定必须渗透进对方的据点，用对方自己的理由来否定他自己；如果从别的什么地方来攻击他，则就会引起不便，并且不是真正地击败他"②。面对形同虚设的法律制度、面对在法律天平面前瑟瑟发抖的老百姓，首先要改变的就是这种不负责任的思维模式！

权利性条款的规范化构建，从根本上来说，需要"以理服人"。从"理性"哲学发展的脉络来看，马克斯·韦伯继承了黑格尔的理性思想，将哲学的理性（reason）概念改造为社会学的合理性（rationality）概念，将合理性区分为两种：一是工具合理性（instrumental rationality），强调手段的合适性和有效性；二是实质合理性（substantive rationality），强调目的、意义和价值的合理性。③ 具体到法实务中，法创制和法发展分为理性或非理性两种类型，在形式上，非理性乃是"使用了理智所能控制之外的手段，譬如诉诸神谕或类似的方式"；在实质上，非理性则是全然以案

---

① 楚渔：《中国人的思维批判》（第 2 版），人民出版社 2011 年版，第 18—20 页。

② 转引自［美］帕特森《法律与真理》，陈锐译，中国法制出版社 2007 年版，第 31 页。

③ 陈振明：《工具理性批判——从韦伯、卢卡奇到法兰克福学派》，《求是学刊》1996 年第4 期，第 3 页。

件的具体评价作为基准，而非标准的规范。① 之后，"西方马克思主义"师承该理论，致力于工具理性的批判和实质理性的重建。这里，将实质理性和形式理性这一对概念引入法律条款的分析之中。但本文所用之概念与上述西方学者的内涵界定略有不同。本文所指实质理性是权利性条款的内容本身应当合理科学、能够以理服人；而形式理性则是指权利性条款表达规范上的合理化。易言之，合"理"性在权利性条款中，从两个方面展现出其规定性：一方面，在实质理性上，体现为权利性条款内容的理性化，可称之为权利性条款的规范化法理学；另一方面，在形式理性上，体现为权利性条款表达形式的理性化，又可称之为权利性条款的规范化技术。

　　具体来说，首先，权利性条款的实质理性化，需要寻求制度设计背后所蕴含的正当性依据。这种理性的发掘，应立基于我国本土法治实践，无论是被认为如何先进的国外经验，还是逻辑上多么完美的法律体系，都要先过人民群众的实践检验这一关。② 法律制度植根于实践，立法研究的维度，不只是立法权限、立法程序，还需要探求法律之所以能够成为法律的

---

　　① ［德］马克斯·韦伯：《法律社会学：非正当性的支配》，康乐、简惠美译，广西师范大学出版社 2010 年版，第 29 页。

　　② 在近年来的道德争论中，时常有人用外国人的高素质来进行自我反思。对高素质的向往本身并没有错，但如果用到法律制度中就会有问题。即使是在国外，法律也会面临着是否具有可操作性的考验，人的素质也并不一定是报道中普遍的高水平。这一点提醒我们的是，人总是有这样那样的弱点，不能只是单纯找出国内外的制度差异，就想当然的认为我们不如别人。这只能说明国人的不自信和对西方文明的盲目崇拜。以过马路问题为例，中国式过马路的情形实际上在美国也很常见，详见任建民《记者纽约直击"美国式过马路"行人肆无忌惮闯红灯》，2012 年 12 月 4 日，人民网（http：//media. people. com. cn/n/2012/1204/c40606 – 19780836. html）。又如，巴黎，也如同中国不少城市一样饱受狗的排泄物的困扰，尽管巴黎颁布政令规定未能清理宠物粪便将面临罚款，但实施效果不佳，狗的排泄物依然随处可见。《巴黎养狗规定形同虚设　"狗屎运"赶不走》，2011 年 6 月 14 日，中新网（http：//www. chinanews. com/shipin/2011/06 – 14/news39824. html）。再如，国人在西湖洗脚降温引起了争议，在法国卢浮宫前的水池泡脚更是引起轩然大波，但也有网友爆料，外国人同样在卢浮宫前自在享受泡脚时光，参见苏影《中国洗脚大军攻陷法国卢浮宫　网友：外国人也泡》，2013 年 7 月 31 日，新华网（news. xinhuanet. com/politics/2013 –07/31/c_ 125092479. htm）。在这一问题上，西湖管委会的表态值得国人反思——"西湖的水质好，大家都想亲近……我们很欣慰"，因为保障得力，游客洗脚并不足以影响和破坏西湖的水质，以科学的数据来打消人们的顾虑。参见《游客西湖"洗脚"引争议　西湖管委会：游客亲近很欣慰》，2013 年 7 月 26 日，浙江环保新闻网（epmap. zjol. com. cn/epmap/system/2013/07/25/019491673. shtml）。

合法化依据。对权利制度实质理性、实质正义的把握，可以称之为权利性条款的规范化法理学。当前，法学界似乎流行着这样一种观念，法律中的技术性规范是"理所当然的、不证自明的"，"只要规定清楚了并严格执行之，就可以达到社会的预期目标"，"很典型地反映在交通规则的制定和执行之中。车辆是左行还是右行、小转弯是否也要等绿灯、直行车优先还是转弯车优先、高速道路的时速是 80 公里还是 100 公里，都没有对错之分"。① 对此，笔者不敢苟同。分配权利义务的技术性规范，不只是法律人的单纯臆想之下即可完成的"没有对错之分"的制度安排。即使是一项看似纯技术性的规范，背后也可能蕴含着科学性、合理性的要求。以高速公路的限速设置为例，考量因素起码应当涵盖公路功能等级、公路技术特征、交通条件、路侧环境、交通事故、车流量等来确定限速值，对于地处山岭或者气象条件复杂的地区和路段，还要考虑地形地质、气象条件等，甚至是工程规模、工程造价的控制等。② 亚里士多德提出，良好的法律是法治的基本前提——法治"应包含两重含义：已成立的法律获得普遍的服从，而大家所遵从的法律又应该本身是制定得良好的法律"③。我国学者进而指出，"如果对于立法活动的一般规律不进行研究或研究得不充分，便会产生先天就有瑕疵的立法，甚至可能产生违背社会发展规律的'恶法'。立法是执法与司法之依据，立法的瑕疵与错误所产生的破坏力将远远大于执法或司法的不公所产生的危害"④。非但如此，如果立法者未能发掘规则背后蕴含的理性，或者未能以理性的制度设计说服百姓自觉遵守法律，那么，执法成本或者说社会秩序维持成本只会居高不下。由此而言，立法者肩上的担子更是一笔经济账。因此，要实现科学立法，就是要以实践作为检验标准，克服立法中的主观臆断和盲目揣测；要实现科学立法，就要让法律在本土的实践中获得真正的发展，不要将法律视为既定事实，而是要将其视为汲取人民智慧的实践发展成果。唯有如此，方能让

---

① 季卫东：《论法制的权威》，《中国法学》2013 年第 1 期，第 25 页。

② 重庆市交通执法总队公开信箱：《高速公路限速标准该科学化》，2013 年 6 月 14 日，重庆市人民政府网（http://www.cq.gov.cn/publicmail/citizen/ViewReleaseGreatMail.aspx? intReleaseID=474303）。

③ ［古希腊］亚里士多德：《政治学》，吴寿彭译，商务印书馆 1996 年版，第 199 页。

④ 徐向华主编：《立法学教程》，上海交通大学出版社 2011 年版，第 11 页。

人们从内心接受并服从立法的结果，①让法律成为人们自觉的行为选择。

其次，权利性条款的形式理性化，需要在立法技术的研究上下功夫。这一方面的研究又可被称为权利性条款的规范化技术。亚里士多德认为，世界万物都是由质料和形式两部分要素构成的，由于形式的要素从而使无定型的质料成为具体的事物。"形式"是西方哲学中最重要的概念范畴之一。韦伯也指出，形式主义是一切现代法律的重要特征，作为法制现代化实证标准的法律形式主义，是现代法制区别于传统法制的直接的外部的标志；在法律上，所谓形式就是强调系统的法律条文。②"中国特色社会主义法律体系的形成对立法技术提出了更高的要求。立法技术是立法活动中所遵循的方法和技巧，它是保障立法质量的技术手段。"③唯有对法律条款的结构设计、法律语言的准确使用、法律条款之间的衔接和协调等展开研究，方能为规范化的权利立法保驾护航。

需要说明的是，拙作在消化吸收过往权利理论研究的成果基础上，不再纠缠于权利概念的解析，而是将视角转向权利立法及其背后的权利理论，解读权利理论如何得以在权利立法中得到贯彻，分析权利立法在实践中展现出的优势或是失误及其背后的权利理论研究的得失，以此作为切入点力求推动权利立法的进一步发展。

---

① 汪全胜：《制度设计与立法公正》，山东人民出版社 2005 年版，第 272 页。

② 苏国勋：《理性化及其限制——韦伯思想引论》，上海人民出版社 1988 年版，第 218 页。

③ 信春鹰、席锋宇：《信春鹰：见证国家法制化前行之路》，《法制日报》2012 年 9 月 8 日，第 1 版。

第一章

权利性条款的界定及其价值

在这样"一个迈向权利的时代","一个权利话语越来越彰显和张扬的时代",[1] 我国的权利立法取得了举世瞩目的成就。最突出的表现即是权利性条款已成为我国法律规范的核心内容。本章着重对权利性条款的界定、识别标识及其价值进行分析。

第一节 权利性条款的界定

按照规定内容的性质不同,法律条款可以划分为权利性条款[2]、义务性条款、责任性条款。这三种法律条款共同构成了法律文本的主要内容。目前,国内对义务性条款、责任性条款论述较为丰富,却极少提及权利性条款。鉴于我国传统法学理论中有关权利立法的界定模糊而难以适应立法发展的需要,笔者建议采用"权利性条款"这一概念。

一 法学理论中现有概念的界定缺陷

（一）权利规范和权利规则的界定缺陷

现有文献中,对于规定权利内容的法律条款,有学者将其归纳为"权利规范",如徐继强教授发表在《法学研究》2010 年第 4 期上的《宪法权利规范的结构及其推理方式》等；也有学者称之为"权利规则",如李克杰发表在《中国消费者报》2012 年 4 月 2 日上的《不罚"中签不买车"符合权利规则》等。实际上,对于法律规范与法律规则,法学界在

---

① 张文显、姚建宗：《权利时代的理论景象》,《法制与社会发展》2005 年第 5 期,第 3—15 页。

② "权利"是指狭义的权利,即不包括权力概念的权利,仅指平等主体之间的权利而不包括表征服从关系的权力。

如何界定两者的问题上一直存在争议。国外学者为其确立了不同的区分标准。在凯尔森看来，这一区分是"很重要的"：我们最好把法律科学用以表达法律的陈述称为法律规则而不称为规范。法律创制权威所制定的法律规范是规定性的（prescriptive）；法律科学所陈述的法律规则却是叙述性的（descriptive）。① 而英国法学家沃克则持不同意见，认为法律规则与法律规范都是规范人的行为的，只是规则较规范更为具体，规范比规则更为抽象。国内通说则倾向于把法律规则和法律规范视为同一概念，在使用时不做任何区分。②

然而，即使在法理上对法律规范和法律规则不做任何区分，这两个概念已被用于法律研究的不同层面，具备了不同的含义和用法：第一，在社会规范的分类意义上，法律规范、法律规则作为与风俗习惯、道德规范、宗教规范相对应的概念；第二，在法律要素的分类意义上，法律规范、法律规则作为与法律概念、法律原则相对应的概念，规定法律上的权利、义务、责任的准则、标准，或是赋予某种事实状态以法律意义的指示、规定；③ 第三，在逻辑形式存在的意义上，法理学教材中所谓"法律规范的逻辑结构"，是指在法律文本中不必然具有此种形式，但通过对法律规范体系的抽象可以获得其逻辑上的存在；④ 第四，在法律体系的意义上，又细化为两种用法，一方面，将法律规范、法律规则视为立法成果的总和，如"用'权利规范'一词来指各个社会中由所有的权利构成的权利体系，以及这种权利体系的构成规则"⑤；另一方面，将法律规范视为法的细胞，法律规范和法的关系，是细胞与整体的关系，法律规范是由国家制定或认可，反映统治阶级意志，并由国家强制力保证实施的行为规范。⑥ 在谈到法律规范与法律条文的区别时，孙国华教授主编的《法理学》教材特意指出，法律规范本身是一种以意识的形式存在于人们头脑中的行为规则，

---

① ［奥］凯尔森：《法与国家的一般理论》，沈宗灵译，中国大百科全书出版社 1996 年版，第 49 页。

② 张文显主编：《法理学》（第 3 版），高等教育出版社 2007 年版，第 116—117 页。

③ 同上书，第 117 页。

④ 李旭东：《法律规范理论之重述：司法阐释的角度》，山东人民出版社 2007 年版，第 3 页。

⑤ 常健：《当代中国权利规范的转型》，天津人民出版社 2000 年版，第 33 页。

⑥ 《法律规范的概念及法律规范的种类讲解》，2010 年 3 月，财考网（www.ck100.com/zc/201003/83585.html）。

可以表现为成文法，也可以表现为不成文法。①

鉴于法律规范、法律规则在使用上含义的多层次性，立法研究中不宜采纳上述概念，以免造成不必要的混乱。

（二）授权性规则的界定缺陷

在张文显教授主编的《法理学》教材中，以法律规则的内容作为标准，法律规则被分为授权性规则、义务性规则和权义复合性规则。授权性规则是指人们可以作为、不作为或要求别人作为、不作为的规则。通常以"可以""有权利"等作为标志词。主要特点在于为权利主体提供选择自由，赋予人们一定的权利去构筑或变更、终止他们的法律地位或法律关系，为人们的自主行为和良性互动提供行为模式，为社会的良性运作和发展提供动力与规则保障。张文显教授等指出，授权性规则在法律中所占的比重随着法律的进化而递增。在现代法律中，授权性规则占首要地位。②由此而言，授权性规则中的"权"仅指权利。但是，该分类中的权义复合性规则的"权"则既可能指代"权利"，也可能指代"权力"："权义复合性规则指兼具授予权利、设定义务两种性质的法律规则。权义复合性规则大多是有关国家机关组织和活动的规则……法律授予权力的规则通常是权义复合性规则，因为权力本身是一种作为的能力，同时，不按法律的规定作为本身又是违法。"③无独有偶，孙国华、朱景文教授主编的《法理学》（第3版）教材也将法律规范划分为授权性规则、义务性规则和禁止性规则。④喻中教授在博士毕业论文《论授权规则——以法律中的"可以"一词为视角》中也指出，授权涵盖了授予权利和授予权力两个方面，而这两个方面构成法律规则的核心内容和基本功能。⑤然而，授权性规则（授权规则）实际上是引入了英文中的概念，如：The principal functions of an act are to（1）impose a duty or obligation，（2）confer a power，create a

---

① 孙国华、朱景文：《法理学》（第3版），中国人民大学出版社2010年版，第247页。

② 张文显主编：《法理学》（第3版），高等教育出版社2007年版，第118—119页。

③ 在上述教材的行文之中还存在以"权利规则"替代授权性规则的用法。例如，"一个权利规则常常同时暗含了课以相对义务人一定的作为或不作为义务，否则授权性规则就会落空"。参见张文显主编《法理学》（第3版），高等教育出版社2007年版，第118—119页。

④ 孙国华、朱景文：《法理学》（第3版），中国人民大学出版社2010年版，第251页。

⑤ 喻中：《论授权规则——以法律中的"可以"一词为视角》，山东大学法学理论博士学位论文，2006年，第51—52页。

right, or grant a privilege, and （3） prohibit conduct.① 又如：The principal functions of legislation are （i） to create or establish, （ii） to impose a duty or obligation, （iii） to confer a power, create a right, or grant a privilege, and （iv） to prohibit.② 即一项法律规范既可授予一项权力，也可创设一项权利。因此，在前述分类中，权利规则与权力规则并未区分开来。

我国立法实践对上述模糊用法进行了必要的区分。如《广东省人民代表大会常务委员会立法技术与工作程序规范（试行）》就明确将权利性规范和授权性规范进行了区分；③ 而上海市《政府规章立法技术规范研究》第一部分"二、通用条文的表述规范""（五）权利和义务"中也是将授权性规范的意义严格限定为授予"权利"。④ 因此，为了避免学理上的冲突，这里不再采用授权性条款的概念。

二 "权利性条款"概念的比较优势

（一）"条款"与"条文"的用法区别

"条款"与"条文"在立法学中未有明确划分。首先，从《现代汉语词典》中的界定来看，"条款"意为"文件或契约上所定的项目"，在用法举例时使用了"法律条款"的搭配；而"条文"则是指"法规、章程等的分条说明的文字"，⑤ 如国家技监局颁布的 1999 年 7 月 23 日起实施的我国《标准化法条文解释》。在法学研究中，如果某一法条没有被细分

---

① National Conference of Commissioners on Uniform State Laws, Drafting Rules （2006 Edition）, http：//www. uniformlaws. org/Shared/Docs/DraftingRules_ 2006. pdf （accessed 16 July 2012）.

② Legislative Council Division of Research, Drafting Delaware Legislation, http：//legis. dela-ware. gov/legislature. nsf/1688f230b96d580f85256ae20071717e/eb5bfd31cbf3cbe5852572490052c342/ $ FILE/billdrafting. pdf （accessed 16 July 2012）.

③ 《广东省人民代表大会常务委员会立法技术与工作程序规范（试行）》第 127 条规定："法律规范的句式表述：（一）权利性规范，一般在被授权主体之后使用'可以……'、'有权……'、'有……权利'、'……不受干涉'、'……不受侵犯'等句式表述…… （四）授权性规范，一般表述为'……由××部门（组织）负责'、'××部门（组织或者机构）可以进行……'、'……的办法（规定或者标准）由××制定'。"

④ 授权性规范，即允许或授予行为主体作出某种行为的规范。常用语有："可以……""有权……""享有……权利""不受……干涉""不受……侵犯"等。

⑤ 中国社会科学院语言研究所词典编辑室：《现代汉语词典》（第 6 版），商务印书馆 2012 年版，第 1291 页。

为款、项、目等，则被称之为法律条文；① 条款的用法则更为广泛，常常被用来强调一部分法律文本，指代的既可能是"条"，也可能是"款"或者"项"。常见用法有"部分条款""相应条款"，如国家安全生产监督管理总局颁布的 2011 年 11 月 1 日起实施的"国家安全监管总局关于修改《〈生产安全事故报告和调查处理条例〉罚款处罚暂行规定》部分条款的决定"、2010 年 3 月 1 日起实施的《关于修改〈煤矿安全规程〉部分条款的决定》、2005 年 9 月 28 日起实施的《关于按照新修订的〈广告管理条例施行细则〉调整有关广告监管规章相应条款的决定》。

其次，条款常与某种性质的法律文本连用，形成诸如"定义条款""帝王条款""兜底条款""格式条款""仲裁条款"等搭配。例如，在全国人民代表大会官方网站的"中国法律法规信息系统"中以"仲裁条款"为标题进行检索，最高人民法院颁布的《最高人民法院民事审判第四庭关于爱尔建材（天津）有限公司与德国玛莎（集团）股份有限公司、玛莎（天津）建材机械有限公司买卖合同纠纷案仲裁条款无效的请示的答复》等 19 项司法解释在标题中使用"仲裁条款"一词。尤为值得注意的是，全国人民代表大会常务委员会法制工作委员会公布的《立法技术规范（试行）（一）》中，使用了"定义条款""过渡性条款""法律适用关系条款"等术语；而法律条文一词则仅仅搭配"表述规范"来使用，对法律条文中的文字表述规范加以说明。

此外，在地方性法规规章中，条款成为习惯用法。以北京市现行有效的地方性法规规章为例，有《北京市人民政府关于修改〈北京市河道砂石开采管理暂行规定〉等 24 项规章部分条款的决定》等 60 篇使用条款一词作为标题，详见表 1－1。

表 1－1　　标题中使用条款与条文的部分地方性法规规章统计②

地方性法规规章	将"条款"用作标题的法律文件	将"条文"用作标题的法律文件
北京市	23	1
浙江省	13	0

① 刘风景：《立法目的条款之法理基础及表述技术》，《法商研究》2013 年第 3 期，第 50 页。

② "中国法律法规信息系统"中的不完全统计结果，统计时间截至 2013 年 1 月 1 日。

续表

地方性法规规章	将"条款"用作 标题的法律文件	将"条文"用作 标题的法律文件
湖北省	7	0
山东省	5	0
重庆市	4	0
黑龙江省	2	0
河北省	2	0
天津市	1	0
内蒙古自治区	1	0
河南省	1	0
江西省	1	0

可见，法律条款构成了法律文本中基本的、具体的语言表达方式；①而且，在限定法律文本中的某一部分特定性质的内容时，使用条款与之搭配已成为习惯用法。因此，从"条款"与"条文"的实际用法区别来看，法律文本中的权利内容应被称为"权利性条款"。

（二）"权利性条款"相对于"权利条款"的概念优势

在学界，也有"权利条款"的用法，但其完整概念是"基本权利条款"。主要出现在宪法研究中：有以此为题的论文，如《我国宪法基本权利条款立法具体化之必要性分析》②；也有在行文中使用该词的，如徐继强在《宪法权利规范的结构及其推理方式》一文中指出："当今各国宪法或国际人权条约都有公民宪法权利（或公民基本权利）条款。"③ 在我国台湾地区，同样有此用法，如张福建的论文《权利条款入宪的争议：梅

① 熊文轩：《对几个法律条款的逻辑评析》，《现代法学》1990 年第 5 期，第 77 页。

② 任丽莉：《我国宪法基本权利条款立法具体化之必要性分析》，《江南大学学报》（人文社会科学版）2010 年第 5 期，第 42—49 页。

③ 徐继强：《宪法权利规范的结构及其推理方式》，《法学研究》2010 年第 4 期，第 3—23 页。

迪逊（James Madison）、联邦派与反联邦派》①，魏千峰的论文《宪法基本权利条款在劳工案件运用之探究》②。但依拙见，权利条款不适用于引入立法学研究。原因在于，宪法中的概念界定乃是基于公民的基本权利和基本义务的划分，是从实体内容中所作的区分。而在立法学的视野中，无论是宪法文本，③还是其他法律文本中，④均不乏权利义务的复合规定，硬是将这类条款内容拆解开来、排除在研究之外显然并不恰当，因而单独称其为"权利条款"或"义务条款"并不合适。

此外，"权利性条款"在我国立法实践中已经有被采用的记录。例如，《广东省人民代表大会常务委员会立法技术与工作程序规范（试行）》第68条中即已明确使用这一概念———"设置权利性条款，应当遵循下列原则……"⑤

三　权利性条款的分类

第一，按照权利和义务所体现的社会内容（社会关系）的重要程度划分，可分为基本权利性条款和普通权利性条款。基本权利是人们在国家政治生活、经济生活、文化生活和社会生活中的根本权利，基本权利条款如《宪法》第33条第3款，"国家尊重和保障人权"。普通权利是人们在普通经济生活、文化生活和社会生活中的权利，如《著作权法》第10条规定的著作权人所享有的17项人身权和财产权。

第二，按照权利享有的主体不同划分，可分为个人权利性条款、集体权利性条款和国家权利性条款。个人权利性条款如《宪法》第13条第2款的规定："国家依照法律规定保护公民的私有财产权和继承权"。集体权利性条款可以指向不同的集体组织，如《宪法》第17

---

① 张福建：《权利条款入宪的争议：梅迪逊（James Madison）、联邦派与反联邦派》，《政治与社会哲学评论》2010年第9期，第45—94页。

② 魏千峰：《宪法基本权利条款在劳工案件运用之探究》，《法治与现代行政法学——法治斌教授纪念论文集》，元照出版社2004年版，第263—278页。

③ 如《宪法》第42条第1款中劳动的权利义务的规定，第46条第1款受教育的权利和义务的规定。

④ 如《妇女权益保障法》第34条第2款规定，"丧偶妇女有权处分继承的财产，任何人不得干涉"。

⑤ 参见《广东省人民代表大会常务委员会立法技术与工作程序规范（试行）》，2012年12月，广东人大网（http://www.rd.gd.cn/lfzw/lfgk/lfwj/200912/t20091211_95913.html）。

条第 2 款规定的是集体经济组织——"集体经济组织实行民主管理，依照法律规定选举和罢免管理人员，决定经营管理的重大问题"；《企业国有资产法》第 16 条规范的是企业——"国家出资企业对其动产、不动产和其他财产依照法律、行政法规以及企业章程享有占有、使用、收益和处分的权利"；而《居民委员会组织法》第 10 条第 3 款规定的则为居民会议——"居民会议有权撤换和补选居民委员会成员"。国家权利性条款如《专属经济区和大陆架法》第 4 条第 3 款的规定："中华人民共和国拥有授权和管理为一切目的在大陆架上进行钻探的专属权利。"

第三，按照权利和义务对人们的效力范围，可分为一般权利性条款、特殊权利性条款。一般权利亦称对世权利，特点是对权利主体而言无特定的义务人与之相对，而以一般人（社会上的每个人）作为可能的义务人。内容是排除他人的侵害，通常要求一般人不得作出一定的行为。如《宪法》第 35 条规定："中华人民共和国公民有言论、出版、集会、结社、游行、示威的自由"。特殊权利亦称"相对权利""对人权利"，特点是权利主体有特点的义务人与之相对，权利主体可以要求义务人作出一定行为或抑制一定行为。如《民法通则》第 84 条第 2 款规定："债权人有权要求债务人按照合同的约定或者依照法律的规定履行义务。"

第四，根据权利条款规定的内容不同，可分为权利定义条款、① 权利成立条款、② 权利取得条款、③ 权利归属条款、④ 权利限制条款、⑤ 权利保

---

① 如《物权法》第 93 条规定："不动产或者动产可以由两个以上单位、个人共有。共有包括按份共有和共同共有。"

② 如《物权法》第 224 条规定："以汇票、支票、本票、债券、存款单、仓单、提单出质的，当事人应当订立书面合同。质权自权利凭证交付质权人时设立；没有权利凭证的，质权自有关部门办理出质登记时设立。"

③ 如《商标法》第 39 条第 2 款："转让注册商标经核准后，予以公告。受让人自公告之日起享有商标专用权。"

④ 如《著作权法》第 13 条规定："两人以上合作创作的作品，著作权由合作作者共同享有。没有参加创作的人，不能成为合作作者。合作作品可以分割使用的，作者对各自创作的部分可以单独享有著作权，但行使著作权时不得侵犯合作作品整体的著作权。"

⑤ 如《物权法》第 130 条规定："承包期内发包人不得调整承包地。因自然灾害严重毁损承包地等特殊情形，需要适当调整承包的耕地和草地的，应当依照农村土地承包法等法律规定办理。"

护期条款、① 权利消灭条款②等。

第二节 权利性条款的识别标志

权利性条款在法律文本中具有独特的表达方式，从而与义务性条款、责任性条款等区别开来。主要体现在以下两个方面。

一 核心名词的标志

（一）权与权利

权利性条款的首要标志，自然是"权利"字样的使用。如《律师法》第30条第1款规定："律师参加诉讼活动，依照诉讼法律的规定，可以收集、查阅与本案有关的材料，同被限制人身自由的人会见和通信，出席法庭，参与诉讼，以及享有诉讼法律规定的其他权利。"

法律文本在规定具体权利时，也会使用"……权"作为标志词。如《宪法》第33条的规定，"国家尊重和保障人权"；《公司法》第4条第2款中的规定，"公司享有由股东投资形成的全部法人财产权"等。

权利性条款中也有将"权"与"权利"混用的情形，如《刑事诉讼法》第14条第1款，"人民法院、人民检察院和公安机关应当保障犯罪嫌疑人、被告人和其他诉讼参与人依法享有的辩护权和其他诉讼权利"。

根据笔者统计，在现行有效的240件法律中（截至2013年1月1日），使用"权利"一词的多达139件。具体统计结果见表1-2。

---

① 如《海域使用管理法》第25条规定："海域使用权最高期限，按照下列用途确定：（一）养殖用海十五年；（二）拆船用海二十年；（三）旅游、娱乐用海二十五年；（四）盐业、矿业用海三十年；（五）公益事业用海四十年；（六）港口、修造船厂等建设工程用海五十年。"

② 《社会保险法》第51条规定："失业人员在领取失业保险金期间有下列情形之一的，停止领取失业保险金，并同时停止享受其他失业保险待遇：（一）重新就业的；（二）应征服兵役的；（三）移居境外的；（四）享受基本养老保险待遇的；（五）无正当理由，拒不接受当地人民政府指定部门或者机构介绍的适当工作或者提供的培训的。"

表 1－2	使用"权利"一词的法律文本统计①
宪法类	中华人民共和国宪法（1982 年） 中华人民共和国宪法修正案（1988 年） 中华人民共和国宪法修正案（1993 年） 中华人民共和国宪法修正案（1999 年） 中华人民共和国宪法修正案（2004 年）
宪法类其他相关 （共 25 件）	1. 中华人民共和国地方各级人民代表大会和地方各级人民政府组织法（1979 年，1982 年修正、1986 年修正、1995 年修正、2004 年修正）
	2. 中华人民共和国全国人民代表大会和地方各级人民代表大会选举法（1979 年，1982 年修正、1986 年修正、1995 年修正、2004 年修正、2010 年修正）
	3. 中华人民共和国人民法院组织法（1979 年，1983 年修正、1986 年修正、2006 年修正）
	4. 中华人民共和国人民检察院组织法（1979 年，1983 年修正、1996 年修正）
	5. 中华人民共和国民族区域自治法（1984 年，2001 年修正）
	6. 中华人民共和国集会游行示威法（1989 年，2009 年法律清理修改）
	7. 中华人民共和国城市居民委员会组织法（1989 年）
	8. 中华人民共和国香港特别行政区基本法（1990 年） 附件一 香港特别行政区行政长官的产生办法 附件二 香港特别行政区立法会的产生办法和表决程序 附件三 在香港特别行政区实施的全国性法律
	9. 中华人民共和国国徽法（1991 年，2009 年法律清理修改）
	10. 中华人民共和国领海及毗连区法（1992 年）
	11. 中华人民共和国全国人民代表大会和地方各级人民代表大会代表法（1992 年、2009 年法律清理修改，2010 年修正）
	12. 中华人民共和国澳门特别行政区基本法（1993 年） 附件一 澳门特别行政区行政长官的产生办法 附件二 澳门特别行政区立法会的产生办法 附件三 在澳门特别行政区实施的全国性法律
	13. 中华人民共和国国家赔偿法（1994 年，2010 年修正）
	14. 中华人民共和国法官法（1995 年，2001 年修正）

① 本表格为中国现行法律文本的完全统计结果，统计时间截至 2013 年 1 月 1 日。

宪法类其他相关 （共 25 件）	15. 中华人民共和国检察官法（1995 年，2001 年修正）
	16. 中华人民共和国戒严法（1996 年）
	17. 中国人民解放军选举全国人民代表大会和县级以上地方各级人民代表大会代表的办法（1981 年，1996 年修订，修改为现名称）
	18. 中华人民共和国香港特别行政区驻军法（1996 年）
	19. 中华人民共和国国防法（1997 年，2009 年法律清理修改）
	20. 中华人民共和国专属经济区和大陆架法（1998 年）
	21. 中华人民共和国村民委员会组织法（1998 年，2010 年修订）
	22. 中华人民共和国澳门特别行政区驻军法（1999 年）
	23. 中华人民共和国立法法（2000 年）
	24. 反分裂国家法（2005 年）
	25. 中华人民共和国各级人民代表大会常务委员监督法（2006 年）
民商法类 （共 29 件）	1. 中华人民共和国婚姻法（1980 年，2001 年修正）
	2. 中华人民共和国商标法（1982 年，1993 年修正、2001 年修正）
	3. 中华人民共和国专利法（1984 年，1992 年修正、2000 年修正、2008 年修正）
	4. 中华人民共和国继承法（1985 年）
	5. 中华人民共和国民法通则（1986 年，2009 年法律清理修改）
	6. 中华人民共和国全民所有制工业企业法（1988 年，2009 年法律清理修改）
	7. 中华人民共和国中外合作经营企业法（1988 年，2000 年修正）
	8. 中华人民共和国著作权法（1990 年，2001 年修正、2010 年修正）
	9. 中华人民共和国收养法（1991 年，1998 年修正）
	10. 中华人民共和国海商法（1992 年）
	11. 中华人民共和国消费者权益保护法（1993 年，2009 年法律清理修改）
	12. 中华人民共和国公司法（1993 年，1999 年修正、2004 年修订、2005 年修订）
	13. 中华人民共和国商业银行法（1995 年，2003 年修正）
	14. 中华人民共和国票据法（1995 年，2004 年修正）
	15. 中华人民共和国担保法（1995 年）
	16. 中华人民共和国保险法（1995 年，2002 年修正、2009 年修订）
	17. 中华人民共和国拍卖法（1996 年，2004 年修正）
	18. 中华人民共和国合伙企业法（1997 年，2006 年修订）
	19. 中华人民共和国证券法（1998 年，2004 年修正、2005 年修订）

续表

民商法类 （共29件）	20. 中华人民共和国合同法（1999年）
	21. 中华人民共和国个人独资企业法（1999年）
	22. 中华人民共和国信托法（2001年）
	23. 中华人民共和国农村土地承包法（2002年，2009年法律清理修改）
	24. 中华人民共和国证券投资基金法（2003年）
	25. 中华人民共和国企业破产法（2006年）
	26. 中华人民共和国农民专业合作社法（2006年）
	27. 中华人民共和国物权法（2007年）
	28. 中华人民共和国侵权责任法（2009年）
	29. 中华人民共和国涉外民事关系法律适用法（2010年）
行政法类 （共38件）	1. 中华人民共和国户口登记条例（1958年）
	2. 中华人民共和国海上交通安全法（1983年）
	3. 中华人民共和国兵役法（1984年，1998年修正、2009年法律清理修改、2011年修正）
	4. 中华人民共和国义务教育法（1986年，2006年修订）
	5. 中华人民共和国海关法（1987年，2000年修正）
	6. 中国人民解放军军官军衔条例（1988年，1994年修正）
	7. 中华人民共和国保守国家秘密法（1988年，2010年修订）
	8. 中华人民共和国人民警察警衔条例（1992年，2009年法律清理修改）
	9. 中华人民共和国国家安全法（1993年，2009年法律清理修改）
	10. 中华人民共和国科学技术进步法（1993年，2007年修订）
	11. 中华人民共和国教师法（1993年，2009年法律清理修改）
	12. 中华人民共和国监狱法（1994年）
	13. 中华人民共和国人民警察法（1995年）
	14. 中华人民共和国教育法（1995年，2009年法律清理修改）
	15. 中华人民共和国预备役军官法（1995年，2010年修正）
	16. 中华人民共和国行政处罚法（1996年，2009年法律清理修订）
	17. 中华人民共和国律师法（1996年，2001年修正、2007年修订）
	18. 中华人民共和国促进科技成果转化法（1996年）
	19. 中华人民共和国职业教育法（1996年）
	20. 中华人民共和国人民防空法（1996年，2009年法律清理修改）
	21. 中华人民共和国执业医师法（1998年，2009年法律清理修改）
	22. 中华人民共和国高等教育法（1998年）

续表

行政法类 （共 38 件）	23. 中华人民共和国行政复议法（1999 年，2009 年法律清理修改）
	24. 中华人民共和国国家通用语言文字法（2000 年）
	25. 中华人民共和国国防教育法（2001 年）
	26. 中华人民共和国防沙治沙法（2001 年）
	27. 中华人民共和国人口与计划生育法（2001 年）
	28. 中华人民共和国科学技术普及法（2002 年）
	29. 中华人民共和国民办教育促进法（2002 年）
	30. 中华人民共和国海关关衔条例（2003 年）
	31. 中华人民共和国行政许可法（2003 年）
	32. 中华人民共和国公务员法（2005 年）
	33. 中华人民共和国治安管理处罚法（2005 年）
	34. 中华人民共和国公证法（2005 年）
	35. 中华人民共和国护照法（2006 年）
	36. 中华人民共和国人民武装警察法（2009 年）
	37. 中华人民共和国驻外外交人员法（2009 年）
	38. 中华人民共和国行政强制法（2011 年）
经济法类 （共 23 件）	1. 中华人民共和国草原法（1985 年，2002 年修订、2009 年法律清理修改）
	2. 中华人民共和国矿产资源法（1986 年，1996 年修正、2009 年法律清理修改）
	3. 中华人民共和国土地管理法（1986 年，1988 年修正、1998 年修订、2004 年修正）
	4. 中华人民共和国邮政法（1986 年，2009 年修订）
	5. 中华人民共和国铁路法（1990 年，2009 年法律清理修改）
	6. 中华人民共和国税收征收管理法（1992 年，1995 年修正、2001 年修订）
	7. 中华人民共和国农业技术推广法（1993 年）
	8. 中华人民共和国农业法（1993 年，2002 年修订、2009 年法律清理修改）
	9. 中华人民共和国反不正当竞争法（1993 年）
	10. 中华人民共和国对外贸易法（1994 年，2004 年修订）

经济法类 （共23件）	11. 中华人民共和国城市房地产管理法（1994年，2007年修正、2009年法律清理修改）
	12. 中华人民共和国广告法（1994年）
	13. 中华人民共和国民用航空法（1995年，2009年法律清理修改）
	14. 中华人民共和国电力法（1995年，2009年法律清理修改）
	15. 中华人民共和国乡镇企业法（1996年）
	16. 中华人民共和国公路法（1997年，1999年修正、2004年修正、2009年法律清理修改）
	17. 中华人民共和国建筑法（1997年，2011年修正）
	18. 中华人民共和国价格法（1997年）
	19. 中华人民共和国海域使用管理法（2001年）
	20. 中华人民共和国政府采购法（2002年）
	21. 中华人民共和国中小企业促进法（2002年）
	22. 中华人民共和国银行业监督管理法（2003年，2006年修正）
	23. 中华人民共和国企业国有资产法（2008年）
社会法类 （共14件）	1. 中华人民共和国归侨侨眷权益保护法（1990年，2000年修正、2009年法律清理修改）
	2. 中华人民共和国残疾人保障法（1990年，2008年修订）
	3. 中华人民共和国未成年人保护法（1991年，2006年修订）
	4. 中华人民共和国工会法（1992年，2001年修正、2009年法律清理修改）
	5. 中华人民共和国妇女权益保障法（1992年，2005年修正）
	6. 中华人民共和国红十字会法（1993年，2009年法律清理修改）
	7. 中华人民共和国劳动法（1994年，2009年法律清理修改）
	8. 中华人民共和国老年人权益保障法（1996年，2009年法律清理修改）
	9. 中华人民共和国预防未成年人犯罪法（1999年）
	10. 中华人民共和国职业病防治法（2001年，2011年修正）
	11. 中华人民共和国安全生产法（2002年，2009年法律清理修改）
	12. 中华人民共和国劳动合同法（2007年）
	13. 中华人民共和国就业促进法（2007年）
	14. 中华人民共和国社会保险法（2010年）

续表

刑法类（共1件）	中华人民共和国刑法（1979年，1997年修订、2009年法律清理修改）
	全国人民代表大会常务委员会关于惩治骗购外汇、逃汇和非法买卖外汇犯罪的决定（1998年）
	中华人民共和国刑法修正案（1999年）
	中华人民共和国刑法修正案（二）（2001年）
	中华人民共和国刑法修正案（三）（2001年）
	中华人民共和国刑法修正案（四）（2002年）
	中华人民共和国刑法修正案（五）（2005年）
	中华人民共和国刑法修正案（六）（2006年）
	中华人民共和国刑法修正案（七）（2009年）
	中华人民共和国刑法修正案（八）（2011年）
诉讼法与非诉讼程序法类（共8件）	1. 中华人民共和国刑事诉讼法（1979年，1996年修正、2012年修正）
	2. 中华人民共和国行政诉讼法（1989年）
	3. 中华人民共和国民事诉讼法（1991年，2007年修正）
	4. 中华人民共和国海事诉讼特别程序法（1999年）
	5. 中华人民共和国引渡法（2000年）
	6. 中华人民共和国劳动争议调解仲裁法（2007年）
	7. 中华人民共和国农村土地承包经营纠纷调解仲裁法（2009年）
	8. 中华人民共和国人民调解法（2010年）

（二）权益

法律文本中的权利性条款，也常常使用"权益"一词。在"中国法律法规信息系统"中检索，截至2012年12月31日，共有141篇"法律及有关问题的决定"使用了权益一词。如《香港特别行政区基本法》第35条规定："香港居民有权得到秘密法律咨询、向法院提起诉讼、选择律师及时保护自己的合法权益或在法庭上为其代理和获得司法补救"等。

法律文本中也有将"权"与"权益"混用的情形。如《物权法》第65条第2款规定："国家依照法律规定保护私人的继承权及其他合法权益"。

（三）自由

尽管学界对人民基本权利的分类见解不同，但无论哪一种学说都将自由视为其中之一。① 在法律文本中，自由也成为权利的表达形式。② 如宪法第 35 条规定："中华人民共和国公民有言论、出版、集会、结社、游行、示威的自由。"

法律文本中也有将"权利和自由"连用的情况。如《香港特别行政区基本法》第 41 条规定："在香港特别行政区境内的香港居民以外的其他人，依法享有本章规定的香港居民的权利和自由。"有时，权利性条款中也会在不同分句中并列使用权利与自由。如《妇女权益保障法》第 51条第 1 款规定："妇女有按照国家有关规定生育子女的权利，也有不生育的自由。"

（四）平等

在学理上，平等权构成其他人权的基础。③ 在法律文本中，权利也以平等的形式出现。如《宪法》第 33 条第 2 款规定，"中华人民共和国公民在法律面前一律平等"；《婚姻法》第 17 条第 2 款规定，"夫妻对共同所有的财产，有平等的处理权"等。

（五）待遇

享有某种待遇构成权利性条款的特殊形式，标志词有待遇、假期、津贴等。如《社会保险法》第 4 条第 2 款规定："个人依法享受社会保险待遇，有权监督本单位为其缴费情况"。又如《劳动法》第 62 条规定，"女职工生育享受不少于九十天的产假"；第 73 条第 2 款规定，"劳动者死亡后，其遗属依法享受遗属津贴"。

二　表达方式的标志

权利性条款中，与上述标志词搭配使用的动词与句式归纳如下：

（一）有权④

在法律文本中，权利性条款以"有……权（利）"为标准句式。如宪

---

① 对基本权利的分类出现过十大分类法、四大分类法、五大分类法、六大分类法等，参见许崇德等编《宪法》（第 3 版），中国人民大学出版社 2007 年版，第 193 页。

② 参见张文显主编《法理学》（第 3 版），高等教育出版社 2007 年版，第 317 页。

③ 李树忠：《平等权保护论》，中国政法大学诉讼法学博士学位论文，2006 年，第 19 页。

④ "有权"在法律文本中还可能是指权力。这里仅指权利。

法第 41 条第 1 款中规定：①"中华人民共和国公民对于任何国家机关和国家工作人员，有提出批评和建议的权利。"此外，"享有""拥有"也是常见的动词搭配。前者如《民法通则》第 98 条规定，"公民享有生命健康权"；后者如《专属经济区和大陆架法》第 4 条第 3 款规定，"中华人民共和国拥有授权和管理为一切目的在大陆架上进行钻探的专属权利"。

在"有……权（利）"或是享有权利等之后，亦可能附加状语（如"不受……影响"）或是增加例外规定等。前者如《妇女权益保障法》第 47 条第 1 款的规定，"妇女对依照法律规定的夫妻共同财产享有与其配偶平等的占有、使用、收益和处分的权利，不受双方收入状况的影响"；后者如《宪法》第 34 条的规定，"中华人民共和国年满十八周岁的公民，不分民族、种族、性别、职业、家庭出身、宗教信仰、教育程度、财产状况、居住期限，有选举权和被选举权；但是依照法律被剥夺政治权利的人除外"。

法律文本中也有省略句式的使用——省略了"有权"。如《社会保险法》第 45 条规定："失业人员符合下列条件的，从失业保险基金中领取失业保险金……"的完整表达应当是"失业人员符合下列条件的，有权从失业保险基金中领取失业保险金"。

（二）可以

"可以"一词一方面可表明主体享有某种作为或不作为的自由权利，如《全国人民代表大会和地方各级人民代表大会代表法》第 11 条第 6 款规定，"代表对确定的候选人，可以投赞成票，可以投反对票，可以另选他人，也可以弃权"；另一方面也可表示某种资格，如《民法通则》第 78 条第 1 款的规定，"财产可以由两个以上的公民、法人共有"。"可以"一词的使用频率较高，仅《物权法》中就用到了 80 处。

"可"字，作为"可以"的缩略词，也被使用在权利性条款中。如《国籍法》第 14 条中规定，"未满 18 周岁的人，可由其父母或其他法定代理人代为办理申请"。"可以"的否定式也常规定在权利性条款中。如《仲裁法》第 44 条规定："劳动者申请先予执行的，可以不提供担保。"有时肯定式与否定式同时出现。如《仲裁法》第 46 条规定："裁决书应当载明仲裁请求、争议事实、裁决理由、裁决结果和裁决日期。裁决书由

---

①　对于法律条款的不完整的引述，本文统一表述为"《……法》第……条（第……款第……项）中规定"。

仲裁员签名，加盖劳动争议仲裁委员会印章。对裁决持不同意见的仲裁员，可以签名，也可以不签名。"

（三）保护或保障

"国家为权利提供保护或是保障"，也是权利性条款的常用方式。如《老年人权益保障法》第 4 条第 1 款规定，"国家保护老年人依法享有的权益"；《妇女权益保障法》第 9 条规定，"国家保障妇女享有与男子平等的政治权利"。除了"保护……权（权利、权益）"之外，权利性条款也有"对……给予保护""……受法律保护"的表达方式：前者如《归侨侨眷权益保护法》第 19 条规定，"国家对归侨、侨眷在境外的正当权益，根据中华人民共和国缔结或者参加的国际条约或者国际惯例，给予保护"；后者如《老年人权益保障法》第 42 条规定，"老年人参加劳动的合法收入受法律保护"。

（四）不受侵犯和不受干涉

与国家保护、保障某项权利相对应，权利性条款也有从否定角度来规定的，表述为"不受侵犯""不受干涉"。前者如《律师法》第 37 条第 1 款规定，"律师在执业活动中的人身权利不受侵犯"；后者如《证券法》第 138 条规定，"证券公司依法享有自主经营的权利，其合法经营不受干涉"。此外，权利性条款还有"非……不受……"的表达方式。如《宪法》第 37 条第 2 款规定："任何公民，非经人民检察院批准或者决定或者人民法院决定，并由公安机关执行，不受逮捕。"

（五）行使

权利性条款中少不了权利的"行使"。如《物权法》第 60 条规定："对于集体所有的土地和森林、山岭、草原、荒地、滩涂等，依照下列规定行使所有权……"

（六）属于……所有

为了表明某种利益、待遇的归属，法律文本中不乏"属于……所有"的用法。如《物权法》第 46 条规定："矿藏、水流、海域属于国家所有。"需要的注意的是，有学者认为"应当"只能表示义务的设定，[1] 从

---

① 周赟副教授在《关于"应当"一词的立法建议》一文中认为：在法律文本中，"可以"与"应当"的区别明显，"可以"用来表示授权，而"应当"用来设定义务。参见周赟《关于"应当"一词的立法建议》，《政法论丛》2006 年第 1 期，第 14—18 页。

而将权利性条款与义务性条款的识别标识分别认定为"可以"与"应当"。但实际情况并非如此。在法律文本中，确实存在以"应当"表示授予或享有权利的情形。如《著作权法》第 10 条第 17 项中规定的"应当由著作权人享有的其他权利"；又如《义务教育法》第 31 条第 2 款规定的"教师的平均工资水平应当不低于当地公务员的平均工资水平"。在地方性法规规章中也有以"应当"表明权利的情形：如《北京市乡、民族乡、镇人民代表大会组织条例》第 31 条规定，"乡、民族乡、镇人民代表大会代表在出席人民代表大会会议和执行代表职务的时候，应当获得必要的物质上的便利或者补贴，所需费用由乡、民族乡、镇财政列支"；《重庆市旅游条例》第 38 条第 2 款规定，"旅游者合法权益受到损害，依照本条例应当获得赔偿，旅行社不予赔偿或者无力赔偿的，旅游行政主管部门可以依法使用质量保证金对旅游者进行赔偿"。另有一种情形值得商榷，以《民事诉讼法》第 184 条为例："当事人申请再审，应当在判决、裁定发生法律效力后二年内提出；二年后据以作出原判决、裁定的法律文书被撤销或者变更，以及发现审判人员在审理该案件时有贪污受贿，徇私舞弊，枉法裁判行为的，自知道或者应当知道之日起三个月内提出。"此处的"应当"既是对申请再审权利的肯定，又是对该权利的限制。如果将上述条款仅理解为义务规定恐怕不妥，因为其在本质上强调的是当事人行使权利的期限。

（七）可享有

"可享有"的用法较为特殊，在狭义的法律层次中仅见于全国人民代表大会香港特别行政区筹备委员会关于实施《中华人民共和国香港特别行政区基本法》第 24 条第 2 款的意见第 6 条中的规定："上述具有香港永久性居民身份的子女在年满 21 周岁后，在符合基本法第二十四条第二款的其他有关规定的条件时可享有香港永久性居民身份。"

这一用法在地方法规规章中有所体现（详细统计结果见表 1 - 3）。如《广东省民营科技企业管理条例》第 19 条中规定，"对年出口额达到有关部门规定规模的民营科技企业，经批准可享有进出口经营权及出口产品退税等相应权利"。又如《深圳经济特区实施〈中华人民共和国教师法〉若干规定》第 25 条规定："具有高级专业技术职称并担任学校或其他教育机构领导职务的教师，每两年可享有一个月的专门或专项学术活动时间。"

在地方法规规章中，也有"可享受"的用法（详细统计结果见表 1 -4）。如《山东省鼓励台湾同胞投资的优惠政策规定》第 1 条指出，"台湾地区的公司、企业和个人（以下统称'台湾投资者'）在山东省投资，除按照国家的有关法律、法规和规定，享受相应的外商投资企业待遇外，还可享受本规定的优惠待遇"。又如《青岛市表彰与保护见义勇为公民条例》第10条中规定："评定伤残等级后的人员可享受参战伤残民兵、民工的抚恤待遇"。

表1-3　　　　使用"可享有"一词的现行有效的地方法规规章①

省、市、自治区	使用"可享有"一词的 地方法规规章的数量
广东省	8
吉林省	4
山东省	4
四川省	4
湖北省	3
黑龙江省	2
江苏省、浙江省、安徽省、湖南省、海南省、贵州省、 天津市、新疆维吾尔自治区等	各1

表1-4　　　　使用"可享受"一词的现行有效的地方法规规章②

省、市、自治区	使用"可享有"一词的地方 法规规章的数量
广东省	22
吉林省	11
山东省	15
黑龙江省	15
江苏省	9
贵州省	9
四川省	7
浙江省	7
湖北省	5
广西壮族自治区	5
重庆市	4
安徽省	3
海南省	3

---

① "中国法律法规信息系统"中的不完全统计结果，统计时间截至2013年1月1日。

② 同上。

第三节　权利性条款的价值

　　"我们的时代是一个迈向权利的时代，是一个权利备受关注和尊重的时代，是一个权利话语越来越彰显和张扬的时代。"[①] 权利本位范式的形成为人们澄清了认识：权利与义务是法学的核心范畴；在权利与义务之中，权利又具有法学基石范畴的地位。[②] 从改革开放以来的立法发展来看，人民的权力和权利的立法居于核心和主导地位。[③] 经过30余年的持续努力，建成的中国特色社会主义法律体系为尊重和保障人权、服务民生、维护公民合法权益提供了全面系统的法治保障。[④] 公民依法享有的广泛的权利通过法律法规的渠道获得更加平等的、普遍的制度保障。[⑤] 中国的宪法不仅明确规定了"国家尊重和保障人权"的基本原则，还列举规定了20多项基本权利和自由。中国的宪法性法律、民法商法、行政法、经济法、社会法等法律门类，已经从不同角度不同层面对公民的政治权利、经济权利、社会权利、文化权利等作了具体规定，从法律和制度上切实保证了公民享有广泛真实普遍的人权和基本自由。[⑥] 法律是全体人民共同意志的体现，立法中对人民权利的重视，充分体现出以人为本的立法理念，真正做到立法为民。体现人民共同意志、保障人民当家做主、维护人民根本利益，是中国特色社会主义法律体系的应有之义。[⑦]

　　[①]　张文显、姚建宗：《权利时代的理论景象》，《法制与社会发展》2005年第5期，第3页。

　　[②]　张文显主编：《法理学》（第3版），高等教育出版社2007年版，第139页。

　　[③]　郭道辉：《中国的权利立法及其法理基础》，《甘肃政法学院学报》1995年第4期，第18—22页。

　　[④]　叶小文：《从"人权入宪"到"人权入法"》，《人民日报》（海外版）2012年3月9日第1版。

　　[⑤]　徐爽：《以权利制约权力——社会主义法律体系与基本权利立法实践的发展》，《政法论坛》2011年第6期，第118页。

　　[⑥]　叶小文：《从"人权入宪"到"人权入法"》，《人民日报》（海外版）2012年3月9日第1版。

　　[⑦]　《以人为本是立法根本目的》，2011年3月12日，中国人大网（http://www.npc.gov.cn/npc/xinwen/rdlt/fzjs/2011-03/12/content_1643383.htm）。

从法律文本整体而言，立法已然将权利落实为"法律规范的核心内容"①。主要表现为：第一，截至 2013 年 1 月 1 日，在现行有效的 240 件法律文本中，直接使用"权利"一词的多达 139 件。即使是没有使用任何"权"或者"权利"字样的法律文本中，同样蕴含着权利的规定。如《国籍法》全篇都没有使用"权"或者"权利"字样，但第 7 条中规定了有权申请加入中国国籍的情形。

第二，在法律文本的篇章设置中，权利性条款居于优先地位。首先，从宪法文本来看，《宪法》在总纲之后，专章规定"公民的基本权利和义务"，次序优先于国家权力的宣示。反观中国进入社会主义时期之前的立法，个人权利淹没在义务本位之中。即使是中国法制史上首部具有近代宪法意义的法律文件《钦定宪法大纲》，正文规定的仍是"君上大权"，而"臣民权利义务"却被置于附录中。原因就在于"首列（君上）大权事项，以名君为臣纲之义。此列臣民权利义务事项，以示民为邦本之义，虽军民上下同处于法律范围之内，而大权仍统于朝廷"。② 其次，从部门法情况来看，诸多法律文本将权利设置为专章规定。典型代表如《消费者权益保护法》第二章"消费者的权利"；《物权法》除总则和附则之外，第二章至第五章分别对"所有权""用益物权""担保物权"和"占有"等作出规定；《妇女权益保障法》第二章至第七章分别规定妇女的"政治权利""文化教育权益""劳动和社会保障""财产权益""人身权利""婚姻家庭权益"；《老年人权益保障法》第二章至第四章从"家庭赡养与扶养""社会保障""参与社会发展"三个方面对老年人权益给予保障。

第三，从法律文本中权利宣示条款的位置来看，多居于法律文本开篇之中：或是位于立法目的条款中，或是位于第一章总则中。例如，《宪法》在第 1 条说明我国的国家性质和国家根本制度之后，第 2 条第 1 款即规定"中华人民共和国的一切权力属于人民"。从部门法情况来看：在宪法法律部门中，《全国人民代表大会和地方各级人民代表大会选举法》第 3 条就该法保护的公民的选举权和被选举权进行明确；在民商事法律部门

---

① 张文显主编：《法理学》（第 3 版），高等教育出版社 2007 年版，第 139 页。

② 这是当时的宪政编查馆和资政院关于《钦定宪法大纲》的奏折中的说明，参见曾宪义主编《中国法制史》，北京大学出版社 2000 年版，第 246 页。

中，《物权法》第 1 条规定，"为了……保护权利人的物权，根据宪法，制定本法"，《公司法》第 1 条中规定，"为了规范公司的组织和行为，保护公司、股东和债权人的合法权益……制定本法"；在行政法律部门中，《行政许可法》第 1 条即明确"为了……保护公民、法人和其他组织的合法权益"的立法目的；在经济法律部门中，《政府采购法》第 1 条规定"为了……维护国家利益和社会公共利益，保护政府采购当事人的合法权益"；在刑法部门中，《刑法》第 2 条刑法的任务的规定即包括"保护国有财产和劳动群众集体所有的财产，保护公民私人所有的财产，保护公民的人身权利、民主权利和其他权利"；在诉讼法律部门中，《民事诉讼法》《刑事诉讼法》《行政诉讼法》中，均在第 2 条明确规定保护公民合法权利的立法目的。

第四，从法的分则的内容来看，侧重权利的宣示与保障。法律文本中分则的任务即在于"以系统地、具体地规定一定的权利或职权、义务或职责为内容，以系统地、具体地规定行使这些权利或职权、履行这些义务或职责的法的保障为内容，以系统地、具体地规定由于行使或侵犯权利或职权、履行或不履行义务或职责所引出的法的内容为结果"①。即使是在宪法、行政法等职权规定为主要任务的法律部门之中，也将人们权利的形式和保障、对权力的监督放在重要的位置。如《全国人民代表大会和地方各级人民代表大会选举法》在第五章中将少数民族的选举权的保障加以特别规定，第十章详细规定了选民对代表的监督权、罢免权的行使和保障。行政法则以规范政府行为来保障人民权利，以行政效率的提高增进人民对行政的信赖，如《人民警察法》第三章中明确规定人民警察对人民的义务和责任，第六章中明确人民对警察的监督权利。不仅如此，为了突出法律主体的权利内容，有的法律文本在分则中设置了专门条款来加以规定。例如，《法官法》第 8 条、《检察官法》第 9 条、《著作权法》第 10 条、《执业医师法》第 21 条都是以"条"的形式作出权利规定；而《劳动法》对劳动者的八项权利规定则是以"款"（第 3 条第 1 款）的形式出现。

第五，权利性条款也出现在法的附则中。如《村民委员会组织法》第六章附则第 39 条规定，"地方各级人民代表大会和县级以上地方各级

---

① 周旺生：《立法学》（第 2 版），法律出版社 2009 年版，第 401 页。

人民代表大会常务委员会在本行政区域内保证本法的实施，保障村民依法行使自治权利"；《商标法》第 64 条第 2 款规定，"本法施行前已经注册的商标继续有效"；《农村土地承包经营纠纷调解仲裁法》第 52 条规定，"农村土地承包经营纠纷仲裁不得向当事人收取费用，仲裁工作经费纳入财政预算予以保障"。

第二章

构建权利性条款的理论基础

在现有立法学体系中，权利性条款，并未成为专门的研究对象。就总体而言，权利性条款的构建主要受益于法学理论中的权利研究。自中国社会进入改革开放的历史时期之后，高潮迭起的权利研究成为法学界最值得瞩目的理论景象。在彻底否定"以阶级斗争为纲"的法学理论之后，逐渐形成了"一个与社会主义法制建设和现代化建设实践和社会发展方向相适应的法学理论体系"——权利本位论。① 就整体而言，我国法律文本中的权利性条款的构建贯彻并体现出权利本位论的研究成果。

第一节 权利性条款构建所获得的理论支持来源分析

一 立法学方面的研究

从现有立法学研究对象来看，"主要是对各种立法现象，同时也包括立法规律以及同立法现象和立法规律相关的种种事物"，并可进一步细分为各种类别的立法现象、立法过程中的各种立法现象以及立法规律。相对应地，立法学体系由立法原理、立法制度和立法技术三要素构成。② 其中，立法原理主要由立法的概念、立法指导思想和基本原则、立法与国情、立法的历史发展等构成；立法制度则主要对应《立法法》的内容，涉及各层级的法律规范的立法主体、立法权限、立法程序、立法监督与法

---

① 张文显、姚建宗：《权利时代的理论景象》，《法制与社会发展》2005 年第 5 期，第 3—6 页。

② "所有立法问题，无非分属于立法理论、立法制度、立法技术三大范畴。"参见周旺生《当代中国立法的发展》，2003 年 8 月 21 日，新华网（http://news.xinhuanet.com/ziliao/2003 - 08/21/content_ 1038032_ 3. htm）。

的解释等；立法技术则是立法活动中所遵循的用以促使立法臻于科学化的方法和操作技巧的总称。① 尽管学理上认定立法技术含有法的名称、法的内容以及语言文字等内容，尽管全国人民代表大会常务委员会法制工作委员会在总结立法工作实践经验、广泛听取各方意见的基础上，针对立法工作中经常遇到的、带有共性和普遍性的有关法律结构、文字等立法技术层面的问题，发布了《立法技术规范（试行）（一）》和《立法技术规范（试行）（二）》，但均未对权利性条款或是权利立法的特殊性给予单独表述和特别青睐。

　　立法学理论支撑的匮乏，还表现在研究成果的数量上。在中国知网（www.cnki.net，以下简称"中国知网"）中以"权利立法"为篇名进行搜索，截至 2013 年 6 月，只有 104 篇研究成果。其中，以"权利立法"为题名的博士、硕士学位论文共有 14 篇，详见表 2 - 1。

表 2 - 1　　　　以"权利立法"为题名的博士、硕士学位论文统计

序号	题名	作者	学位授予单位	来源数据库	学位授予年度
1	同性恋婚姻权利的立法保护	曹森	中共中央党校	硕士	2012
2	男性性权利保护与强奸罪立法完善	夏治	华南理工大学	硕士	2012
3	我国紧急状态立法中的公民基本权利保障研究	周玲	湖南大学	硕士	2012
4	城市房屋拆迁中被拆迁人权利保护的立法研究	杨金梅	西南交通大学	硕士	2011
5	论权利出资的立法完善	宋春丽	延边大学	硕士	2011
6	关于剥夺政治权利刑的立法思考与执行实务研究	任文娟	华东政法大学	硕士	2010
7	电子数据库法律保护问题研究——兼评特殊权利制度的完善对我国立法的启示	柳青	华东政法大学	硕士	2008
8	中国同性恋权利与立法思考	艾燕	重庆大学	硕士	2008
9	残疾人劳动就业权利的立法保障及其完善	李萍	中国政法大学	硕士	2007
10	宪政语境下刑事被追诉人权利立法构想	虞谊	东北师范大学	硕士	2007
11	权利主张的识别与评价——从权利立法的角度研究	韩丽欣	吉林大学	硕士	2006

---

① 周旺生：《立法学》（第 2 版），法律出版社 2009 年版，第 375 页。

续表

序号	题名	作者	学位授予单位	来源数据库	学位授予年度
12	论法律程序权利的特有属性及立法完善	刘科	湖南师范大学	硕士	2005
13	权利秩序的伦理正当性——以精神病人权利及其立法为例证	戴庆康	东南大学	博士	2005
14	加入 WTO 后我国在服务贸易方面的权利义务及立法思考	刘春雁	大连海事大学	硕士	2000

由上表可见，以"权利立法"为题名的博士学位论文只有 1 篇。从内容来看，只有 2 篇（《权利主张的识别与评价——从权利立法的角度研究》和《权利秩序的伦理正当性——以精神病人权利及其立法为例证》）涉及权利立法的整体构建，其余 12 篇均为部门法权利立法的研究。

从专著出版情况来看，以权利立法为主题的专著主要有：常健的《当代中国权利规范的转型》（2000）、"中国刑事诉讼法律修订及人权保护项目课题组"出版的《刑事诉讼中若干权利问题立法与论证》（2007）、杨立新的《中国人格权法立法报告》（2005）、邢玉霞的《我国生育权立法理论与热点问题研究》（2008）、毕雁英的《宪政权利架构中的行政立法程序》（2010）、张光荣的《我国农村集体土地民事立法研究论纲：以保护农民个体土地权利的视角》（2007）、刘志刚的《立法缺位状态下的基本权利》（2012）以及戴庆康的《权利秩序的伦理正当性——以精神病人权利及其立法为例证》（2007）等著作。可见，权利立法的研究主要集中在部门法视野内，对权利性条款构建的总体思路涉及不多。

二 权利理论方面的研究

与上述情况形成鲜明对比的是，权利理论，特别是权利本位的研究取得了极为丰硕的成果。在中国知网中，以"权利"为篇名，共搜索到文献 30487 篇。其中，以"权利"为题的博硕士学位论文就达 2548 篇之多；以"权利本位"为题名的论文即有 118 篇；以"权利理论"为题名的论文也有 114 篇。[①] 相比之下，立法学中的专门权利研究可谓沧海一粟。

权利性条款的构建在立法学方面所获研究支持的匮乏，或许正是因为

---

① 数据更新至 2013 年 6 月 30 日。

权利理论本身获得了高关注度。这也从一个侧面反映出我国权利性条款在构建时所获得的理论支撑主要源自法学理论中的权利研究。诚如张文显教授、姚建宗教授在《权利时代的理论景象》一文中所指出的，"权利研究是整个法学的焦点"，改革开放以来，权利研究突破阶级斗争为纲的理论范式，形成了以权利作为法学基石范畴的权利本位论；"新的社会实践源源不断地向立法机关和司法机关提出各种各样权利需求和权利主张，从而不断地向法学家们提出权利理论需要，促使法学家们以回应社会权利需要和法制建设需要的社会责任感和职业责任感而探索和创新"；正是在这一过程中，法学的权利研究始终自觉地关注权利立法的发展，为权利立法"扫清道路，排除障碍，提供论证"。[①]

第二节　权利本位论在权利性条款构建中的全方位体现

一　权利本位观念在立法中体现为权利性条款的核心地位

权利本位论的指导思想是：权利与义务是法学的核心范畴；[②] 在权利与义务之中，权利又具有法学基石范畴的地位，即以权利为本位。[③] 从改革开放以来的立法发展来看，"我国的立法以确认、保障和救济权利为主导，不断完善社会主义初级阶段的权利体系"[④]，人民的权力和权利的立法始终居于核心和主导地位。[⑤] 从法律文本的具体内容来看，立法已将权利性条款落实为"法律规范的核心内容"，第一章第二节已论述，兹不赘述。

二　利益作为权利的核心要素贯彻在权利性条款的表达之中

对权利进行要素分析的研究进路获得了学界的普遍认可：人们可以从

---

① 张文显、姚建宗：《权利时代的理论景象》，《法制与社会发展》2005 年第 5 期，第 13—14 页。

② 张文显主编：《法理学》（第 3 版），高等教育出版社 2007 年版，第 139 页。

③ 张文显、姚建宗：《权利时代的理论景象》，《法制与社会发展》2005 年第 5 期，第 7 页。

④ 同上书，第 14 页。

⑤ 郭道辉：《中国的权利立法及其法理基础》，《甘肃政法学院学报》1995 年第 4 期，第 18 页。

以下任何一个要素去理解权利概念——利益、主张、资格、自由、力量等。① 其中，利益，被权利本位论者视为权利的核心要素，或者说是"权利的灵魂"②。法律权利也因此被定义为利益获得的合法手段，"规定或隐含在法律规范中，实现于法律关系中的，主体以相对自由的作为或不作为的方式获得利益的一种手段"③。这一认识也被有效地贯彻在权利立法之中，在权利性条款的表达中得到了淋漓尽致的展现：第一，立法中已形成"权益""权利和利益"的固定用法。在现行有效的法律中，使用"权益"作为名称的即有 4 部，分别是《消费者权益保护法》《妇女权益保护法》《归侨侨眷权益保护法》《老年人权益保障法》。在"中国法律法规信息系统"中进行搜索，现行有效的"法律及有关问题的决定"中使用"权利和利益"的共有 9 件，而使用"权益"一词的则多达 164 件。④ 具体而言，《宪法》中将"权利和利益"连用的表达多达 10 处。其中第 4 条规定，"国家保障各少数民族的合法的权利和利益"；第 8 条第 3 款中规定，"国家保护城乡集体经济组织的合法的权利和利益"。除此以外，法律文本中还有"合法权益""相关权益"等搭配用法；⑤ 也有将"权益"与权利人连用的，如"弱者权益""被扶养人权益""被监护人权益"⑥；也有表示特定内容的，如"保险权益""技术权益"；⑦ 还有个别特殊用法，如《社会保险法》《军人保险法》中使用的"个人权益记录"等。第二，权利性条款中将利益作为

---

① 权利要素分析的研究进路，参见张文显《法理学》（第 3 版），高等教育出版社 2007 年版，第 140—141 页；夏勇《中国民权哲学》，生活·读书·新知三联书店 2004 年版，第 312—313 页。

② 征汉年、章群：《利益：权利的价值维度——权利本原解析之一》，《国家教育行政学院学报》2006 年第 7 期，第 33 页。

③ 张文显主编：《法理学》（第 3 版），高等教育出版社 2007 年版，第 142 页。

④ 数据更新至 2013 年 7 月 31 日。

⑤ 如《职业病防治法》第 1 条第 1 款规定："为了预防、控制和消除职业病危害，防治职业病，保护劳动者健康及其相关权益，促进经济社会发展，根据宪法，制定本法。"

⑥ 如《涉外民事法律关系法律适用法》第 25 条中规定，"父母子女人身、财产关系，适用共同经常居所地法律；没有共同经常居所地的，适用一方当事人经常居所地法律或者国籍国法律中有利于保护弱者权益的法律"；第 29 条规定，"扶养，适用一方当事人经常居所地法律、国籍国法律或者主要财产所在地法律中有利于保护被扶养人权益的法律"；第 30 条规定，"监护，适用一方当事人经常居所地法律或者国籍国法律中有利于保护被监护人权益的法律"。

⑦ "保险权益"的规定如《社会保险法》第 9 条中规定，"工会……对与职工社会保险权益有关的事项进行监督"；而《促进科技成果转化法》中使用"技术权益"一词，并以"技术权益"作为第四章的标题。

权利的内容规定下来，例如，《物权法》第117条规定，"用益物权人对他人所有的不动产或者动产，依法享有占有、使用和收益的权利"；《海域使用管理法》第23条第1款规定，"海域使用权人依法使用海域并获得收益的权利受法律保护，任何单位和个人不得侵犯"；等等。

三　权利义务的一致性体现为权利性条款与义务性条款相互对应

权利本位论者倡导"权利与义务的一致性"①，主张"没有无义务的权利，也没有无权利的义务"。这一观点集中体现在《宪法》第33条第4款的规定中，"任何公民享有宪法和法律规定的权利，同时必须履行宪法和法律规定的义务"。

同时，权利本位论者认为，"在各项立法中，凡设定一项权利与权力，同时也要规定相应的义务与责任。在整个立法体系中，权利义务总体上应是取平衡状态的"②。与此相对应，在权利性条款的设计中，立法者注意从主体的角度出发，概括归纳相互对应的法律权利和法律义务。从《宪法》来看，第二章"公民的基本权利和义务"即是首先明确公民所享有的基本权利，随后规定公民所应履行的法律义务。从部门法来看，《教师法》《执业医师法》以专门条文首先规定权利人所享有的权利，而后规定其应当履行的义务；③《法官法》则在第7条首先规定法官应当履行的七项义务之后，在第8条中明确法官享有的八项权利，《检察官法》《公务员法》等公职人员的立法中也采用了此种先义务后权利的立法模式。④

此外，权利本位论者认为在权利义务关系中，"权利是目的，义务是手段，法律设定义务的目的在于保障权利的实现；权利是第一性的因素，义务是第二性的因素，权利是义务存在的依据和意义"⑤。在法律文本中，这一点体现为一方主体的权利与相对方主体的义务的对应关系。以消费者

---

① 张文显主编：《法理学》（第3版），高等教育出版社2007年版，第146页。

② 郭道晖：《中国的权利立法及其法理基础》，《甘肃政法学院学报》1995年第4期，第21页。

③ 《教师法》第7条规定教师享有的六项权利，第8条规定应当履行的六项义务；《执业医师法》第21条规定医生在执业活动中享有的七项权利，第22条规定应当履行的五项义务。

④ 《检察官法》第8条规定了检察官的六项义务，第9条规定其八项权利；《公务员法》第12条规定了公务员的九项义务，第13条规定了其八项权利。

⑤ 张文显主编：《法理学》（第3版），高等教育出版社2007年版，第148页。

的权利规定与生产者、经营者的义务规定来看，首先，《消费者权益保护法》在篇章设计上，第三章就"经营者的义务"作出专章规定，与第二章"消费者的权利"相互对应。从具体条款而言，第 18 条规定的经营者提供安全商品和服务的义务对应第 7 条消费者的安全保障权，第 19 条规定的经营者真实信息告知义务保证第 8 条消费者的知情权的实现，第 17 条经营者接受监督的义务与第 15 条消费者的监督权相互呼应等。其次，从不同的法律文本之间的相互关系来看，《产品质量法》在第三章中细化规定生产者、经营者的产品质量责任和义务，用以确保《消费者权益保护法》中消费者安全保障权的实现。

第三章

权利性条款实质理性缺陷剖析

尽管我国现行法律文本中的权利性条款的构建在权利理论的发展中受益颇多，但透过社会主义法治实践的检验，权利性条款还是暴露出欠缺实质理性的内在缺陷。主要表现为：部分权利性条款依然重管理轻权利；就整体而言，权利性条款侧重利益分配却忽视秩序协调，强调权利观念的宣示却未能给出具体的行为指引。

第一节　重管理轻权利

尽管从法律文本整体而言，权利性条款已然成为立法的核心。但是，由于历史原因，一小部分法律文本残留着强烈的管理色彩。此外，重管理的立法思路让权利的实施和保障受制于权力，也让实质平等的立法关怀出现了不该有的漏洞。

一　以管理为目的与以权利为目的的立法冲突

我国立法思路的转变，经历了一个较长的历史时期。鉴于历史原因，一小部分法律文本着重于"管理"思路，"不注意保护公众权利"，而是"注重'管理'公众"，为政府和其他主体提供"'管理'的合法依据，或是强化'管理者'权力、地位"。① 以《体育法》为例，第 1 条是立法目的的规定："为了发展体育事业，增强人民体质，提高体育运动水平，促进社会主义物质文明和精神文明建设，根据宪法，制定本法。"从逻辑关系上看，"增强人民体质"和"提高体育运动水平"似是为了"促进社会主义物质文明和精神文明建设"。反观该条款的宪法依据——《宪法》

---

① 周旺生：《立法学》（第 2 版），法律出版社 2009 年版，第 101 页。

第 21 条第 2 款规定："国家发展体育事业，开展群众性的体育活动，增强人民体质"，却是表达出以发展体育事业来达到增强人民体质的目的。如果辅之以该条款的英文翻译看，立法逻辑能够更清楚地展现出来："The state develops physical culture and promotes mass sports activities to improve the people's physical fitness。" 即国家发展体育事业，开展群众性的体育活动，最终目的都是增强人民体质。但在整部《体育法》文本中，强调更多的是"管理"——国家发展体育事业，而非人民体育权利的保障；[①] 这就使《体育法》背离了《宪法》"增强人民体质"的本质规定，因而使体育承载了更多的社会、政治意义，[②] 也让《体育法》"难以适应我国体育事业发展的需要"[③]。

二　权利的实现受制于权力

重管理轻权利的另一表现，是在法律文本中规定了某项权利，但该权利到底如何实现还要取决于管理方的决定。此时的管理方，可能是国家、政府，也可能是享有管理权力的其他主体。例如，《旅游法》第 11 条规定："残疾人、老年人、未成年人等旅游者在旅游活动中依照法律、法规和有关规定享受便利和优惠"。同样的特殊人群的优惠规定也出现在下列义务性条款之中：如《老年人权益保障法》第 58 条规定，"博物馆、美术馆、科技馆、纪念馆、公共图书馆、文化馆、影剧院、体育场馆、公园、旅游景点等场所，应当对老年人免费或者优惠开放"；《未成年人保护法》第 31 条规定，"县级以上人民政府及其教育行政部门应当采取措施，鼓励和支持中小学校在节假日期间将文化体育设施对未成年人免费或者优惠开放。社区中的公益性互联网上网服务设施，应当对未成年人免费或者优惠开放，为未成年人提供安全、健康的上网服务"；《体育法》第 46 条第 1 款规定，"公共体育设施……对学生、老年人、残疾人实行优惠办法"；等等。这些规定尽管"看上去很美"，体现着对特殊人群权利的

---

① 于善旭：《论〈中华人民共和国体育法〉修改的基本路向》，《天津体育学院学报》2011 年第 5 期，第 370 页。

② 田思源：《〈体育法〉修改的核心是保障公民体育权利的实现》，《天津体育学院学报》2011 年第 2 期，第 115—116 页。

③ 于善旭：《论〈中华人民共和国体育法〉修改的基本路向》，《天津体育学院学报》2011 年第 5 期，第 370 页。

保障，但实际上却存在严重缺陷：究竟由谁来决定是免费、是半价优惠还是另有折扣优惠呢？博物馆等主体是否能够自行决定前述优惠？如若不然，博物馆等主体是依据中央政府还是地方政府的统一规定来减免费用？如果由地方政府决定，不同地区的规定则可能出现相互冲突——如果一地对于残疾人免费，另一地却非要收费，对残疾人来说何言公平？如果不是免费开放，那么收取费用的去向又能否得到有效的监督？众所周知，经费的不透明已经让红十字会付出了代价；① 而体育界近年来接连发生的罚款去向不明的争议、运动员奖金分配风波等问题也足以为我们敲响警钟。② 因此，权利性条款之中如若不能明确权力的界限，贪污腐败可能由此滋生，管理危机、诚信危机难免不会再现。

三　平等关怀的缺漏

重管理的立法思路，令立法者在构建权利性条款时不是从实际法律关系参与者的角度出发来考虑问题，而是形成了自上而下的独特视角，未能充分重视实践中人与人之间的平等关怀的需要。白岩松在评价清华大学某教授"强奸陪酒女也比强奸良家妇女危害性小"的言论时，送出十二个字——"违反常识、突破底线、冒犯公众"。③ 很难想象，人人平等的观念居然被法律专业人士抛诸脑后。在权利性条款的构建中，人人平等的立法关怀似乎也未能引起立法者的足够重视。以摩托车驾驶员为例，整部《道路交通安全法》只是在第 51 条中提及"摩托车驾驶人及乘坐人员应当按规定戴安全头盔"；而《道路交通安全法实施条例》也只是细化了摩托车年检、载人、载物等义务性规定，对摩托车驾驶员的权利却只字未

---

① 蒋沂含：《"红十字会法"修改触及实质才有意义》，2013 年 4 月，荆楚网（http://focus. cnhubei. com/original/201304/t2554135. shtml）。

② 这些问题的详细情况：第一，自中国足球职业化以来，中国足球协会开出罚单无数。对于罚款的流向，部分媒体曾有过一些质疑：作为一种内部处罚，罚款应该用于足球项目自身的建设，但足协却从未向社会公布相关信息。对此，中国足协官员表示，中国足协的各项罚款都是按规定上缴国库的，每年年底审计部门也会对足协账目进行严格审查，绝对不会存在私自留用罚款的情况。但至今并未公布该笔款项的具体去向。第二，跳水运动教练于芬提出奖金数额、领取情况与国家体育总局游泳中心公布的信息相互矛盾。参见张鹏、汪全胜《体育社团信息披露法律制度探析》，《天津体育学院学报》2009 年第 1 期，第 10 页。

③ 温璐、李岩：《白岩松批清华教授易延友不当言论：知识分子管好嘴》，2013 年 7 月 18 日，人民网（http://ent. people. com. cn/n/2013/0718/c1012 - 22236552. html）。

提。既然法律规定摩托车驾驶员能够合法参与到交通秩序之中，为什么未能对其权利给予明确？实践中，摩托车频繁引发交通事故与驾驶员安全意识差，未经年检、逆行、超载、闯红灯等问题密不可分，但从另一方面来看，也是因为摩托车驾驶员的生命安全和平等路权未能得到尊重所致。例如，机动车驾驶员在变道时没有注意或是根本不顾在其旁边行驶的摩托车，往往是造成交通事故的原因。① 正是由于立法者未能对此充分重视，未能妥善配置摩托车驾驶员与机动车驾驶员的平等通行权利，因而前述交通事故的隐患未能从根本上加以杜绝。对比国外规定，或许能够更好地说明这一问题。加拿大萨斯喀彻温省交通法律规定，由于摩托车和机动车相撞时，摩托车驾驶员面临的重伤或者死亡的风险更高，因而摩托车在行驶时得以独享其所在的车道，机动车不得与其在同一车道上并列前行——即使该车道足够宽阔能够容下机动车和摩托车共同行驶，即使摩托车只是在该车道上只占用了部分道路而已；当机动车需要超越摩托车时，必须按照超越机动车的规定来采取动作。② 可见，赋予摩托车驾驶员与机动车驾驶员平等路权，不仅可以使平等理念深入人心，更可以强化摩托车驾驶员的人身安全与财产安全。尽管我国在弱势群体的特殊权利保护领域作出了巨大的努力，但在某些具体问题上未能将平等关怀深入权利性条款的构建之中，不得不说这是一种遗憾。

第二节　重利益分配轻秩序协调

如前所述，利益作为权利的核心要素贯彻在权利性条款的表达中。权利与利益连用的情况甚至出现了这样的极端表现：《合伙企业法》第 8 条规定，"合伙企业及其合伙人的合法财产及其权益受法律保护"。此处的"合法财产及其权益"不同于《侵权责任法》《合同法》等规定的"财产权益"。实际上，"财产权益"是与"人身权利"相对应的概念。而前述"合法财产及其权利"则包含了《合伙企业法》第 26 条中规定的合伙人执行合

---

① 刘鹏：《青岛交警再发事故视频　车辆转弯不让行人记 6 分》，2013 年 5 月 29 日，新浪网（http：//news. sina. com. cn/o/2013 - 05 - 29/073927253800. shtml）。

② See Saskatchewan Government Insurance，"Basic information and rules of the road"，http：//www. sgi. sk. ca/individuals/licensing/studyguides/drivershandbook/roadrules/turning. html（accessed 10 June 2013）.

伙事务的权利。也就是说，《合伙企业法》第 8 条的规定既包含了财产权益，又将其他权利、利益归纳进来。立法对于利益这一权利要素的重视由此可见一斑。但是，对于利益分配的过分关注也导致权利性条款的构建存在下列固有缺陷：

一　为突出利益分配割裂权利义务关系

我国权利性条款多采用权利主体加权利内容的规定方式，着重突出对权利所涉利益的分配，却忽视了权利产生和存在的基础——法律关系。本应属于同一法律关系的权利和义务却分散规定于不同法律条文之中，甚至是法律的不同章节之中。以消费者权利为例，在《消费者权益保护法》中，消费者的权利规定在第二章中，相对应的经营者义务则规定在第三章中，这一安排本来在权利义务关系的对照上无可厚非，但问题是，这两章中的权利义务规定并非完全相互对应，而且顺序混乱。由表 3 - 1 可见，消费者的权利与经营者的义务相互对应的仅有四项，其他权利义务关系则各自独立；即使是相互对应的规定，顺序也并不一致：第二章"消费者的权利"中，首条规定的是消费者的安全权，与此对应的经营者的提供安全商品和安全服务的义务按逻辑而言应当居于第三章"经营者的义务的"首位，但实际上被安排在第三位；第三章中第二条规定的是经营者"听取意见和接受监督的义务"，却是与第二章中的倒数第二条"得到尊重权"相对应。权利性条款与义务性条款的对应关系混乱，为普通消费者查找、理解、运用法律平添了人为障碍。

表 3 - 1　　　　　　　　消费者权利与经营者义务的对应关系

第 7 条	安全权		第 16 条	履行法律规定或合同约定的义务
第 8 条	知悉真情权		第 17 条	听取意见和接受监督的义务
第 9 条	自主选择权		第 18 条	提供安全商品和安全服务的义务
第 10 条	公平交易权		第 19 条	提供真实情况的义务
第 11 条	依法求偿权		第 20 条	标明名称和标记的义务
第 12 条	结社权		第 21 条	出具购货凭证和服务单据的义务
第 13 条	获得知识权		第 22 条	保证质量的义务
第 14 条	得到尊重权		第 23 条	承担"三包"责任及其他责任的义务
			第 24 条	不得用格式合同等损害消费者合法权益
第 15 条	监督权		第 25 条	尊重消费者人格的义务

　　这种权利义务的分别概括模式，易造成权利义务规定在覆盖上的真空或者交叉重复状态。以行人的优先通行权为例，由于行人通过路口涉及双方主体——行人和机动车驾驶员，因而《道路交通安全法》，根据主体的不同，将上述法律关系分别规定于第四章"道路通行规定"的第二节"机动车通行规定"的第44条、第47条和第四节"行人和乘车人通行规定"第62条之中。然而，行人的优先通行权并未被规定在第四节行人的通行规定之中，而是出现在第二节"机动车通行规定"之中。这样的间接指示恐怕难言清晰、明确。行人在查阅法律时，既然已经有行人通行的专节规定，恐不易注意到机动车通行规定中对自己权利的宣示。再从具体条款来看，该法第47条第2款规定，"机动车行经没有交通信号的道路时，遇行人横过马路，应当避让"；第62条规定，"行人通过没有交通信号灯、人行横道的路口时，应当在确认安全时通过"。这两个条款在实际操作上存在不明之处：驾驶员主动"避让"应该怎样执行，[①] 是停车避让、减速避让，还是超车避让、绕行避让？行人又该如何判断"确认安全"？行人需要给机动车驾驶员留足减速时间还是刹车时间？[②] 如何避免驾驶员主动"避让"与行人"确认安全"的判断之间出现偏差呢？实际上，只有将优先通行权置于法律关系中来思考，才能在立法中有效解决法律规定缺乏可操作性的问题。对此，其他国家和地区的立法值得我们借鉴：美国加利福尼亚州机动车法典（California Vehicle Code）第11部分第5章（第21949—21971条）专章规定"行人的权利和义务"（Pedestrians' Rights and Duties），其中第21951条（Vehicles Stopped for Pedestrians）特别列明机动车驾驶员负有停车让行行人的义务。我国香港特别行政区《道路交通（交通管制）规例》第31条"行人优先"，也是从法律关系的角度出发对行人和机动车驾驶员各自的权利义务统一作出规定，以明确"确认安全"的标准："在斑马

---

　　① 在广州整治机动车不避让行人的违法行为的专项行动中，不少驾驶员反映避让行人的规定难以界定，让人摸不着头脑。参见胡军《避让行人怎界定　司机大佬蒙查查》，《羊城晚报》2009年5月30日第A4版。

　　② 特别是对于没有驾驶经验的行人和儿童而言，过马路难以判断怎样才算是安全，可以通过。据统计，各类意外车祸已成为儿童意外伤害死亡中的首要原因，5—9岁儿童易发生步行交通事故。参见《让儿童安全过寒假》，网易网（http://baby.163.com/10/0204/12/5UM9JB5A00262HS2.html）。

线上的每一名行人，当在斑马线上时，较任何车辆都享有优先权；如车辆或其任何部分行驶至斑马线或在斑马线上之前，行人已在该斑马线上，则该车辆的司机须让该行人先行；但如在斑马线上有一个行人安全岛或中央分道带，则位于行人安全岛或中央分道带每一边的斑马线，须分别视为一条独立的斑马线"。总之，单纯进行利益分配并未能完成立法的任务，人与人可能产生的行为冲突也并非简单的利益分配可以解决的。如果一味地追求利益归属的判定，却脱离具体的法律关系，将权利义务人为地分割开来，权利性条款就很难在实际生活中发挥秩序协调的作用。

二　权利冲突的隐患

如前所述，由于我国权利性条款采用"谁有权（利）……"或是"权（利）不受干涉（侵犯）"这样的权利陈述句式，只能说明何人能够成为权利主体；或是采用具体权利的概念总结句式，只能说明诸如所有权之类的法律概念究竟为何物，但却统统没有为这些权利划定必要的界限，因而极易催生出所谓权利冲突的现象。试举一例，《体育法》第46条第1款中规定："公共体育设施应当向社会开放，方便群众开展体育活动。"但如果针对的是学校的体育设施，那么在正常的教学时间内，公民体育设施的使用权岂不是与学生的受教育权相互冲突吗？需要补充说明的是，从现有研究来看，权利冲突在学界引起了不小争议。苏力教授在《法治及其本土资源》一书中首先提出权利冲突问题，[①] 而郝铁川教授则认为权利冲突实际上是一个伪问题。[②] 但是，后者的研究恰恰证实了权利立法中欠缺权利边界划定的问题。正如郝铁川教授指出，权利冲突产生的原因是"大家忽略了任何权利都有自己的特定边界（范围），只要人们找到边界，不越雷池一步，根本就不会发生所谓的权利冲突"[③]。归根结底，由于立法未能明确标示权利与权利之间的应有边界，才导致争议四起的权利冲突。

---

① 参见苏力《法治及其本土资源》，中国政法大学出版社1996年版，第181—182页。

② 郝铁川：《权利冲突：一个不成为问题的问题》，《法学》2004年第9期，第3—6页。

③ 同上书，第3页。

第三节 重观念宣示轻行为指引

一 权利性条款中的行为指引难以落实

有学者在谈到法律理性时，将法律的明晰、稳定与确切作为法律之可靠和具备可操作性的前提。① 然而，这三项基本要求并非法律制度具备可操作性的必要条件，权利的实现并非立法者"拍拍脑袋"确定下来就可以真正得以落实的。部分权利性条款就是因为缺乏实现条件，最终只能流于形式。例如，《残疾人权益保障法》第 3 条第 1 款规定了残疾人的平等权利——"残疾人在政治、经济、文化、社会和家庭生活等方面享有同其他公民平等的权利"；在第 52 条第 1 款中细化为残疾人获得无障碍环境的权利——"国家和社会应当采取措施，逐步完善无障碍设施，……为残疾人平等参与社会生活创造无障碍环境"。但这一获得无障碍环境的权利并未在《道路交通安全法》第四章第四节"行人和乘车人通行规定"中得到特殊考虑，② 该法只是在第 62 条笼统规定，"行人通过路口或者横过道路，应当走人行横道或者过街设施"。在实践中，不少城市根本未曾在过街设施中铺装无障碍通道，或者因为电力成本问题将无障碍电梯停用，给残疾人过马路造成不少困难。③ 此外，在老人跌倒扶与不扶的争议声中，卫生部出台《老年人跌倒干预技术指南》（以下简称《指南》）——虽然该文件并不属于法律范畴——从一个侧面反映出制度设计者对权利问题实际可行性的忽视。该《指南》是这样指导老年人如何起身的："如果是背部先着地，应弯曲双腿，挪动臀部到放有毯子或垫子的椅子或床铺旁，然后使自己较舒适地平躺，盖好毯子，保持体温，如可能

---

① 许章润教授在阐述法律的实质理性时，也谈到法律的现实性，但核心观点是围绕人类的生计和法律从业者的同情态度而展开。参见许章润《法律的实质理性——兼论法律从业者的职业伦理》，《中国社会科学》2003 年第 1 期，第 151—156 页。

② 在该章节中，立法者给予特殊考虑的人群包括盲人、学龄前儿童以及不能辨认或者不能控制自己行为的精神疾病患者、智力障碍者。

③ 详细内容参见周遝《无障碍设施尚待"无缝衔接"》，《北京日报》2012 年 5 月 21 日第 7 版；张昕《人行天桥不人性 特殊人群难过桥——记者巡城发现，大部分天桥无障碍设施不完善，怀抱婴儿者、残障人士过桥不便》，《南方日报》2013 年 5 月 30 日第 A03 版。

要向他人寻求帮助。"对此，我们不禁要问：老年人如果在大街上跌倒，[①]让老人和其他人哪里去找椅子、床铺或是毯子？如果没有这些，这自救的第一步岂不是完全失去了指导的意义？此外，在"老年人跌倒的现场处理"部分，无论老年人"意识不清"或是"意识清楚"，《指南》统一规定：对"有外伤、出血"的情况，扶助者应"立即止血、包扎"，但问题又来了，有多少路人懂得如何止血、包扎？又哪里来的止血、包扎的药物和医疗器械呢？[②]可见，制度设计如果未能从现实条件出发，则实难成为人们现实的行为选择。

二　权利性条款缺乏具体行为指引

权利性条款行为指引中存在的另一问题是立法根本没有留意到法律关系中主体行为的细节，未给出具体的行为指引，因此造成理解的混乱和行为的冲突。仍以行人的优先通行权为例，除了之前所述右转车辆"不得妨碍被放行的直行车辆、行人通行"的规定，[③]还有另外一种情形——左转车辆如何礼让行人优先通行。在具体操作中，驾驶员有多种选择，一是在己方交通停止线前停车以避让行人；二是在路口的中心点前己方一侧停车避让行人；三是在左转后车辆所驶向的人行横道前停车避让行人。这么多的可能性，驾驶员又该如何选择？实践中真可谓见仁见智。对这一问题作出专门解释的 flash 动画演示被众多驾驶教学的网站所转载，[④]其对"标准"动作的解读是：如果南北向左转车辆遇南北向通行的行人，应当在左转至南北向的人行横道线前停车。问题是，在人行横道线前停车等待行人通过，并不能保证在这段时间内南北向没有直行车辆，此时，如果出现后至的直行车辆，岂不成了直行车辆礼让左转车辆了？这不是让《道

---

① 在欧洲，法国、塞尔维亚等国将救助路人规定为公民应尽的义务，其法律规定，不救助他人将会被判处罚款或监禁。参见刘植荣《从〈撒玛利亚好人法〉看国外如何应对施救顾虑和见死不救》，《羊城晚报》2011 年 10 月 29 日第 B7 版。在美国，佛蒙特州、明尼苏达州法律也确立了救人于险境的普遍义务。参见［美］格伦顿《权利话语：穷途末路的政治言辞》，北京大学出版社 2006 年版，第 117—118 页。

② 张鹏：《道德评判与制度设计》，《道德与文明》2012 年第 6 期，第 35—39 页。

③ 《道路交通安全法实施条例》第 38 条第 1 款第 1 项规定，"（一）绿灯亮时，准许车辆通行，但转弯的车辆不得妨碍被放行的直行车辆、行人通行"。

④ 《转弯让直行和行人——flash 动画演示》，驾校一点通网（http://zhinan.jxedt.com/info/3623.htm）。

路交通安全法实施条例》第 38 条各规定自相矛盾吗？不但如此，试想，如果是一连串的左转车辆连续拐出，行至人行横道前突然刹车让行行人，岂不是要造成整条道路直行车辆无法通行的局面？无论这一动画演示是否权威，起码说明了一点，如果法律规定不能够细化行为规范，那么，人们将面临有心守法，却无力践行的尴尬局面。

三　权利性条款的潜在冲突

在实践中，缺乏行为指引的权利性条款还存在相互冲突的危险。例如，在北京发生的一起交通事故中，主路上行驶的车辆 A 右转，其右侧的辅路上有一直行车辆 B，B 车驾驶员认为拐弯应该让直行，而 A 车驾驶员认为辅路应当让主路，结果双方都对对方不加理会，造成了两车的剐蹭。两位车主的认识是否有法律依据呢？原来，拐弯让直行的规则是在《道路交通安全法》及其《实施条例》中明确的，而辅路让主路的规定却是北京市的地方法规《北京市实施〈中华人民共和国道路交通安全法〉办法》中确认的。① 在这一案件中，北京市交警部门给出的结论是：辅路让主路优先于拐弯让直行的规定。但问题是：交警部门是否是有权主体，能够对上述法律原则的适用给出解释？即使其为有权主体，按照上位法优于下位法的原则，其作出的认定也是难以成立的。② 可见，法律文本中的权利性条款一旦相互冲突，不仅难以保障人民群众权利的实现，也将引发法律解释的困难、执法权威遭到削弱的问题等。

---

① 《北京市实施〈中华人民共和国道路交通安全法〉办法》第 44 条中规定，"在设有主路、辅路的道路上，进主路的机动车应当让在主路上行驶的和出主路的机动车先行，辅路上行驶的机动车应当让出主路的机动车先行"。

② 《事故定责：辅路让主路优先于拐弯让直行》，北京市公安局公安交通管理局网（http://www.bjjtgl.gov.cn/publish/portal0/tab922/info46165.htm）。

第四章

权利性条款实质理性缺陷的理论根源

权利理论的发展水平在一定程度上决定着权利立法的发展水平。一方面，权利本位的研究为权利立法提供可靠的理论支持，权利立法进而成为法律规范的核心内容；另一方面，权利本位论囿于视野，对权利立法和权利实践造成诸多不利影响，无力将权利立法进一步推向前进。

第一节　权利理论的固有缺陷批判

一　权利本位论的视野囿于实在法层面的权利义务关系

在我国进入改革开放的历史时期之后，权利本位范式①顺应社会实践发展需要，推动权利观念深入人心。但是，权利本位的研究结论也并非无懈可击。即使是对于权利本位的定性这一根本问题，学者们的结论也是相互矛盾的：首先，郑成良教授认为权利本位"所回答的是'应当是什么'，而不是或主要不是回答'是什么'的问题"②，是一种应然的价值判断；而张文显教授等则在主编的《法理学》教材中，将作为法理学研究对象的权利和义务限定在法律明文规定或隐含在法律规范的范围中，即实然的层面。如果认为这样的矛盾分歧只是权利本位论在不同层次上获得的论证，或许可能说得通。但是，权利本位现有研究在分析进路上暴露出的固有缺陷却是万难回避：研究主要围绕着西方成熟的

---

① 权利本位范式是权利本位论者在归纳权利本位论的表征时提出的概念表述。权利本位论者认为权利本位不仅涉及权利观念，而且关乎法的本体论和价值论等，因而具有多重属性。所谓"范式"强调的是权利本位论对于整个法学领域的影响。权利本位范式的形成及运用，参见张文显、姚建宗《权利时代的理论景象》，《法制与社会发展》2005 年第 5 期，第 3—15 页。

② 郑成良：《权利本位论：兼与封曰贤同志商榷》，《中国法学》1991 年第 1 期，第 31 页。

权利理论而展开，从不同学派的主张中归纳概括出权利的构成要素。接下来，权利本位论者要么采取了类似后现代主义的处理方法，认为以"任何一个要素为原点给权利下一个定义都不为错"，"究竟以哪一个要素或哪几个要素为原点来界定权利，则取决于界定者的价值取向和理论主张"①；要么觉察到纯粹的要素分析可能构成"残缺不全的"、片段化的权利认识，因而选择整合各类要素给出综合的解释。② 无论哪一种分析进路，都逃避不了这样一个事实：其研究基础主要是西方哲人头脑中已被抽象出来的权利概念，纯粹的要素分析脱离中国的权利实践，因而这种从理论到理论的"自上而下"的研究视角，最终使其结论局限在实在法中权利与义务的逻辑对应关系中。其次，权利本位论的逻辑起点是"法"的本位问题："在法这一定型化的权利和义务体系中，权利和义务何者为起点、轴心或重心的问题"③，诚如其主张者所言，权利本位论意在说明其是"现代法律区别于传统法律的基本特征"④，着眼点乃是现代法律的内部逻辑。再次，从法律权利和义务的概念表述和关系界定来看——法律权利是"规定或隐含在法律规范中，实现于法律关系中的，主体以相对自由的作为或不作为的方式获得利益的一种手段"，而法律义务是指"规定或隐含在法律规范中，实现于法律关系中的，主体以相对抑制的作为或不作为的方式保障主体获得利益的一种约束手段"，⑤ 权利义务的本质规定性完全是从两者的相互对应关系中得来的：权利和义务是互为参照系的相关关系，只有以其中的一方为参照，另一方才能得以把握。⑥ 因此，权利本位论，归根结底，构造的是实在法中的权利逻辑——揭示的是"在某个国家的法律规则整体中"权利的概念。

---

① 夏勇：《中国民权哲学》，生活·读书·新知三联书店 2004 年版，第 313 页。

② 张文显主编：《法理学》（第 3 版），高等教育出版社 2007 年版，第 142 页。

③ 张文显：《从义务本位到权利本位是法的发展规律》，《社会科学战线》1990 年第 3 期，第 135 页。

④ 郑成良：《权利本位论：兼与封曰贤同志商榷》，《中国法学》1991 年第 1 期，第 30—37 页。

⑤ 张文显主编：《法理学》（第 3 版），高等教育出版社 2007 年版，第 142 页。

⑥ 张文显：《"权利本位"之语义和意义分析——兼论社会主义法是新型的权利本位法》，《中国法学》1990 年第 4 期，第 25 页。

二 权利无法在利益要素的定性中得到证立

权利研究进路中所采用的利益分析方法，早在 19 世纪末，就受到了质疑。童之伟教授从法学学科构建的角度上批判道："利益是社会科学各学科都要面对的，利益分析是社会科学各学科都一直在使用的研究方法"；而且，利益分析方法"未能将利益内容融会贯通到对法现象的理解中"，因而，其不可能成为权利的基本分析方法。[①] 对此，权利本位论者付出了颇多努力——将利益与权利的其他构成要素进行了逻辑上的整合，[②] 不过，最终还是坚持认为："不管权利的具体内容如何，每项权利的享有和行使都同主体获得一定利益联系在一起"；而且，利益是权利形成的动机和目的，这种利益不是"纯粹个人的利益"，而是"可以和可能相互竞争的利益"，正是这种利益的竞争推进着权利的发展变化。[③] 问题是，人与人之间的权利义务关系有时并非利益所能左右，也并非以利益作为终极目的。上述论断的根本错误在于：将"支持权利的理由"不恰当地归为"权利概念的特征"。[④] 以婚姻自主权为例，为什么公民要自主选择配偶，而不是相信父母之命媒妁之言呢？原因就在于如果完全依赖父母的意见，会让他们显得"有失身份"，[⑤] 会使他们的独立个体地位受到质疑。可见，权利逻辑在利益之外，还有承认与被承认的需要。借用阿马蒂亚·森笔下的事例，飞机上一个靠窗坐的人甲正在看纽约时报，他的邻座是一个游戏迷乙，乙请求甲放下遮光板，以便可以玩电脑游戏。[⑥] 乙在主

---

① 童之伟：《权利义务法理学方法论缺陷剖析》，《法学评论》1998 年第 6 期，第 42 页。

② 权利本位论者认识到单纯从利益角度给出权利定义均有合理因素，但也有缺点和不足，"在法律规范、法律关系、权利和义务的价值、权利主体和权利之间缺乏一种关系上的揭示，而这种揭示又像引线对于串珠那样必不可少"。为了解决这一问题，权利本位论者对权利各要素进行了相互综合。参见张文显《法理学》（第 3 版），高等教育出版社 2007 年版，第 142 页。

③ 同上书，第 143 页。

④ 阿列克西认为：权利概念的两大流派——利益理论和意志理论之所以都存在大量困难，"是因为支持权利的理由被当成是权利概念的特征来处理"，即理由关系被偷换成概念关系。参见［德］罗伯特·阿列克西《法理性商谈法哲学研究》，朱光、雷磊译，中国法制出版社 2011 年版，第 227 页。

⑤ ［美］托马斯·斯坎伦：《我们彼此负有什么义务》，陈代东、杨伟清、杨选等译，人民出版社 2008 年版，第 278 页。

⑥ ［印度］阿马蒂亚·森：《正义的理念》，王磊、李航译，刘民权校译，中国人民大学出版社 2012 年版，第 349—350 页。

观上是想要获得更为合适的游戏环境，在客观上却更易导致其眼睛受损的不利后果。此时，甲放下遮光板的原因，不是对乙的利益的关注，而是乙做想做之事的自由。可见，人们对于他人要求的满足，并非一定是在利益之争中被动的服从于某种强制力量，也可能仅仅出于对他人主体地位的承认和尊重。此外，如果按照权利本位论的观点，将利益认定为权利的目的，是否意味着利益无涉的主体就不能获得权利呢？答案恐怕是否定的。例如，中国香港公民甲发现当地正在举行反对美国攻击伊拉克的游行示威，甲与伊拉克并无任何利益关联，如果仅仅基于利益考虑，其未与任何人产生利益之争，因而不可能依靠现有理论的支撑获得游行示威的权利。但从人权角度或是从社会效果的角度而言，有什么理由阻止甲参加正义的游行示威活动呢？因此，基于利益的权利视角最终必然是不充分的。

三　权利本位论并未探索权利的合法性来源

从法律权利的概念界定来看，权利本位论者将法律权利的质的规定性全然归结于法律；但在伦理学方面的论证中，权利本位论者却谈到"权利还保证着法律的正当性和道德性"，并引用德沃金的论述，"如果一个特定的法律规则或者它的实施是'不正当的'，我们的法律权利将阻止那一规则成为法律"[1]。这就陷入了循环论证之中：一方面，法律权利全然取决于法律的规定；另一方面，法律权利却又决定着法律的正当性。唯一可能的解释是，法律权利在得到法律确认之前或是在转化为实践的过程中另有不受法律限定的一面，而这一方面的规定性恰恰支配着权利乃至法律的发展方向。这一规定性正是权利的合法性来源问题。

公丕祥教授在《权利现象的逻辑》一书中批评传统权利理论没有注意到"存在着一个并不以法律为唯一根据的权利的问题"，颇具启发意义。但公丕祥教授并未对权利的合法性来源过多着墨，而是据此区分出现有权利与应有权利，强调应有权利的价值意义。[2] 依拙见，不仅是应有权利，即使是现有权利、法律权利，也面临着合法性来源的拷问。所谓"合法性"，是指"对于某种要求作为正确的和公正的存在物而被认可的

---

[1]　张文显、姚建宗：《权利时代的理论景象》，《法制与社会发展》2005 年第 5 期，第 10 页。

[2]　公丕祥：《权利现象的逻辑》，山东人民出版社 2002 年版，第 3 页。

政治秩序来说，有一些好的根据"①。这种"好的根据"将合法性与合法律性区分开来，合法律性强调的是法律的全部根据来自规则自身或被接受的事实，无须更多正当性的分析；而合法性则建立在事实性和有效性的基础之上，寻求权利之所以能够成为权利的正当性依据。如前所述，现有权利理论所采用的静态的权利考察方式，将权利的合法性来源完全归咎于法律，权利本身并没有"正当与不正当、合法与不合法之分"，"从国家的观点，任何权利都是合法的、正当的"②。单从实在法内部逻辑来看，上述观点没有任何问题，但不容忽视的是，其中预设了两个前提条件：（1）作为权利来源的法律是正当的法律；（2）凡是来源正当的权利，其自身就不会是不正当的。这两个前提条件并非自然证立的：就第一项条件而言，规定权利的法律本身也可能是非正当的、不正义的，例如纳粹德国法律中规定的杀害犹太人的权利，怎么能够谈得上是一项"权利"？③ 再者，马克思在批评德国第六届莱茵省议会关于林木盗窃立法之时，强烈谴责立法大员们抹杀枯枝与林木的区别、将林木占有者的权利保护范围被扩大到枯枝之上的行径，认为法律已沦为私人利益的"护身符"，成了被私人利益随意摆布的"玩物"。④ 被私人利益在背后如此"大耍花招"的制定法，自然难言正当。在这一点上，可能有反对意见，认为法律制定出来本身就是正当的，法律的正当制定性绝对优于实质正确性，正所谓"恶法非法"。对此，"二战"后被德国司法机关用来解决纳粹不法行为的拉德布鲁赫公式可以给予有力的反驳：一般情况下支持法的安定性，不因恶小而将法视为非法，只是在某个实在法违背正义达到"不能容忍的地步"时，才认定极端不正义不是法律。也就是说，"恶法非法"也包含着"恶"的程度的差别，不是所有的不正当的法律都被视为非法。⑤ 由此而言，法律自身也存在着正当性的判断问题，进而影响着法律权利正当性的判断。就第二项条件而言，当法律在实质上是正义的，是否意味着法律权

---

① ［德］哈贝马斯：《交往与社会进化》，张博树译，重庆出版社1989年版，第184页。

② 张文显：《论人权的主体与主体的人权》，《中国法学》1991年第5期，第29页。

③ See Pavlos Eleftheriadis, *Legal Rights*, Oxford: Oxford University Press, 2008, p. viii.

④ ［德］马克思、恩格斯：《马克思恩格斯全集》（第1卷），人民出版社1965年版，第149—179页。

⑤ ［德］罗伯特·阿列克西：《法：作为理性的制度化》，雷磊编译，中国法制出版社2012年版，第16—18页。

利就自然而然地获得了正当性呢？答案恐怕是否定的。一方面，正义的法律中的权利规定可能存在形式上的欠缺，如权利性条款的表达违反形式逻辑或语法规则；另一方面，权利规定也可能在实质上有所欠缺，如一项追求正义但却脱离实际的权利规定，最终只能停留在纸面上而无法实施，自然也就难以称得上是正当的。因此，停留在实在法内部逻辑层面的权利理论是无法说明权利本身的效力合法性来源的，在对权利正当性进行考量时显得束手无策。

四　不确定的行为指引与法律的根本属性相冲突

法是调整人的行为的社会规范。① 从法律与道德以及其他社会规范的根本区别来看，法，"不是规定人们的思想准则、真理标准、美学规则、道德品质的规范。法不应追究人的思想，只规范涉及他人的行为。与他人无涉的个人私生活行为，也不属法律干预的范围"②。法的基本特征即表现为对人们如何行为提出了明确的指示。"对于法律来说，除了我的行为以外，我是根本不存在的，我根本不是法律的对象。我的行为就是我同法律打交道的唯一领域"③，作为一种法哲学理论，这一点经常被人们挂在嘴边。但是，具体到权利义务性条款的功能上，权利本位论者却提出了不同的见解：权利规则提供的是不确定的指引；而义务则提供确定的指引。④ 这一区别也体现在立法之中，表现为：我国法律中的义务性条款作为法律要求的行为或禁止的行为，规定得相对明确、具体；而权利性条款则注重权利观念的宣示，给当事人"留下了较大的自我选择余地"，"预设的法律后果带有较大的或然性即不确定性"⑤。然而，如果权利性条款只重视原则性规定或是观念宣示，何以成为"行为规范"？权利作为法律规范的核心内容，如果连权利性条款都不曾调整人的具体行为，法律作为行为规范的根本属性从何而来？这也就形成了现有权利理论中无法自圆其

---

① 张文显：《法理学》（第3版），高等教育出版社2007年版，第76页。

② 郭道辉：《论法的本质内容与本质形式》，《法律科学》（西北政法学院学报）2006年第3期，第8页。

③ ［德］马克思、恩格斯：《马克思恩格斯全集》（第1卷），人民出版社1956年版，第16—17页。

④ 张文显主编：《法理学》（第3版），高等教育出版社2007年版，第147页。

⑤ 同上。

说的最大悖论。

第二节　权利理论的认识偏差造成权利性
条款存在内在缺陷

权利本位论的研究局限与权利性条款的实质理性缺陷紧密相关，主要
体现在以下三个方面。

一　囿于实在法层面的关系认识导致人本关怀的缺失

权利本位范式是在实在法层面上来分析和理解权利概念和权利义务相
互关系的。问题是，"人"到哪里去了？从权利概念的表达来看，权利主
体有作为或不作为的自由，但义务主体只能被动地服从对方的权利要求。
如果放下某一法律关系中的义务主体在其他法律关系中可以转化为权利主
体的问题暂且不谈，在同一法律关系中，义务主体只能成为单纯的客
体——似已成为康德笔下当作供别人利用的手段，而非目的性的存在。[①]
进一步而言，权利本位论者认定：无论是权利还是义务，最终都只是利益
分配的工具，"正是这种利益的竞争推进着权利和法律的变化和发展"[②]。
沿着这一思路，如果说"法是以权利和义务为机制调整人的行为和社会
关系的"[③]，不就意味着法就只是利益追求的实现与保障？如果说"权利
和义务贯穿于法律逻辑现象的各个环节、法律的一切部门和法律运行的全
部过程"[④]，不就意味着在法律中人的地位就只剩下了被动接受利益分配
而已？如此，人就只是成为法律确定利益归属的被决定者，成为利益追求
的背景而已。这一点，如果从权利本位范式的产生背景和动因来看，就显
得愈发清晰。在权利本位范式中，"人"，是在其担负的历史使命的转型
中得到承认的：权利本位范式是在突破以阶级斗争为纲的基础上产生的，
颠覆的是"阶级性作为法学核心范畴"的陈旧理念，将人从阶级斗争中
解放出来，投身到经济建设之中，是为社会主要矛盾的转变和公民个人的

---

① ［德］康德：《道德形上学探本》，唐钺译，商务印书馆1959年版，第43页。

② 张文显主编：《法理学》（第3版），高等教育出版社2007年版，第143页。

③ 张文显、于宁：《当代中国法哲学研究范式的转换——从阶级斗争范式到权利本位范
式》，《中国法学》2001年第1期，第67页。

④ 张文显主编：《法理学》（第3版），高等教育出版社2007年版，第139页。

历史任务的转向而提供的理论支持。在这一转变过程中，法律首先要解决的自然就是利益多元化条件下的利益分配问题，因而，利益支配着法律，而法律又支配着人，人只能沦为被动的服从对象，人的能动性仿佛不再产生任何反作用；实践与法律的互动全然被忽视，权利义务的考量也因此被从社会实践的发展运动中剥离出来，权利义务只能静止在已制定的法律规范体系中。权利本位的现有理论因而无力支撑法律制度在实践中得到的检验和完善，无力应对权利实践中涌现出的新的诉求，最终也将无力解决法律权利从哪里来、向何处去的问题。

二　合法性来源的分析缺失导致立法重利益分配轻秩序协调

（一）聚焦利益要素忽视秩序安排

现有权利理论着重阐述利益具有决定作用，却并未论及立法时应当依据什么样的"正当"标准来确定人与人之间的利益分配。在权利制度设计时，为什么法律只承认利益之争中的这一方的要求而拒绝另外一方？为什么法律要决定由一部分人克制自己的主张，牺牲自己的利益来遵从另一方的行为指示呢？即使是一项技术性的制度安排，立法标准的考量也可能在多个层面上展开。以行人的优先通行权为例，要在法律中赋予行人该项权利，立法者事先必须衡量行人与机动车驾驶员双方的利益得失，一方面，确立该权利体现的是对人的生命安全利益的尊重；另一方面，礼让行人对于机动车驾驶员而言会有经济利益的损失，机动车驾驶员如果停车让行，成本可是看得见的——停车、等待、再起步，油耗费用可是真真切切的。那么，究竟是哪种利益具备优先性呢，这是立法者需要作出的第一层次的选择。如果立法者确认生命安全利益的位阶高于经济利益，在制度安排上仍有多种实现方式可以选择。即便是让机动车优先通过也不失为一种方案：等没车了人再过，或者等行人聚集多了再凑堆过马路，这不正是"中国式过马路"现象中行人所采用的方式吗？因而，行人优先通行权的制度安排并不是简单地利益衡量就可以解释的，其中更是蕴含着立法主体对于生命的尊重、弱势群体的保护等考虑。进一步来说，即使是单纯的利益考量也并非只是局限于当事人双方的利益之争，而是要兼顾第三方利益以及社会利益。假设甲国法律规定行人优先通行，那么无疑会增加驾驶机动车的费用，法律制度如此安排，目的可能并不是促进行人安全、弱势群体的利益保护，而是因其国内空气质量异常恶劣，不得已只能以燃油损耗的额外负担来促进环保、抵消人口增长所造成的负面影响等。总之，法律权利绝不是简单的利益归属的划分，法律权利的正当性离不开理性的论证、实践的检验、人民的参与和认同。

（二）割裂权利义务关系导致权利边界划定存在缺憾

权利本位论中主张"没有无义务的权利，也没有无权利的义务"。与此相对应，《宪法》第 33 条第 4 款规定："任何公民享有宪法和法律规定的权利，同时必须履行宪法和法律规定的义务"。但是，对此存在两种不同的理解：第一，从作为一个社会主体的角度而言，权利人在享有宪法和法律赋予的所有权利的同时，必须尽到公民义务，自觉履行宪法和法律规定的所有义务；第二，从特定的具体的法律关系而言，权利人行使权利，伴随着特定的义务履行，或者说必须以一定义务的履行作为前提，如行人享有优先通行权以不得违反交通信号灯的指示为前提。全国人民代表大会官方网站上登载的《中华人民共和国宪法通释》（以下简称《通释》）第 33 条中谈道："任何公民都不能只享受权利，而不承担义务，也不能只承担义务，而不享受权利，更进一步说，是有利于反对只享受权利而不承担义务的特权，反对只承担义务而不享受权利的歧视，从而实现公民在法律面前的人人平等"。无疑，这只是印证了前一种说法，并没有注意到后一种理解。在《通释》接下来的解读中："在公民与国家和社会的法律关系中，公民有时只享受权利而国家需要承担义务。比如，公民在年老、疾病或者丧失劳动能力的情况下，有从国家和社会获得物质帮助的权利，却不需要因获得这种物质帮助而对国家和社会承担义务。"那么，获得国家和社会的物质帮助是否意味着公民真的不用承担任何义务呢？实际情况并非如此。例如，我国针对 80 周岁以上的老年人发放高龄养老津贴，各地普遍的做法是，老年人需要凭身份证到户口所在地的有关部门进行登记申请。这难道不是权利人所应履行的义务吗？因此，从这一角度来说，只是认定《宪法》第 51 条规定的"公民在行使自由和权利的时候，不得损害国家的、社会的、集体的利益和其他公民的合法的自由和权利"并不足够，权利人除了消极不作为的义务，尚需负担积极的作为义务。而且，这里的物质帮助，体现了国家和社会对特殊人群的关爱，同时也强化了特殊人群对国家和社会所应负担的最起码的守法义务，不至于因为生活窘迫而采取非法手段侵害他人的合法权益。在国家—公民的关系层面上如此，在公民—公民的关系层面上又如何呢？在平等主体之间一方当事人被认为享有权利而不负担义务，最具代表性的恐怕莫过于不附义务的赠与合同了。但实际上，受赠人享有权利是以负担特定义务为前提的：受赠人需要按照约定的时间、方式等领取赠与物，只是由于单纯获利才使得其不将这一义务视作问题；同时，受赠人可能因为《合同法》第192条所列情形被撤销赠与。① 可见，权利和义务在具体的法律关系中也是相对应而存在的。我国权利立法所欠缺的恰恰是在行使权利过程中的义务的细化规定。仍以《道路交通安全法》规定的行人的优先通行权为例，第47条规定机动车"遇行人正在通过人行横道，应当停车让行"。但问题随之而来，试想，在没有交通信号灯的路口，行人只要走人行横道，车辆就该停车让行吗？这样的要求是不现实的。原因在于机动车驾驶员想要礼让行人，还必须考虑机动车刹车距离问题，如果行人丝毫不顾及机动车的正常行驶，那么，这样的权利主张只会造成车祸惨剧。因而，立法中应当在具体的法律关系中，明确权利人所应当履行的义务，如行人留给机动车驾驶员以充分的刹车准备时间。对此如不加重视，义务的泛化将会造成对权利人义务观念的淡化，甚至形成权利绝对化的幻念。②

三　行为指引的认识偏差造成权利性条款缺乏可操作性

权利本位论者认为权利规范只提供"不确定的"行为指引。这一认识体现在权利立法中，表现为由权利本身的规定性出发进行抽象归纳，形成法律文本中直接陈述权利主体和权利内容的规定模式。具体体现为两种表达方式：第一，主动语态的表达，即谁有权……；第二，被动语态的表达，即谁的……权（利）不受干涉（侵犯）。例如，《宪法》第41条第1款中规定，"中华人民共和国公民对于任何国家机关和国家工作人员，有提出批评和建议的权利"；《证券法》第138条规定，"证券公司依法享有自主经营的权利，其合法经营不受干涉"；等等。对此，部门和行业立法技术规范给予了确认。如《水利行业标准·水利立法技术规范》第4.5.2

---

①　《合同法》第192条规定：受赠人有下列情形之一的，赠与人可以撤销赠与：（一）严重侵害赠与人或者赠与人的近亲属；（二）对赠与人有扶养义务而不履行；（三）不履行赠与合同约定的义务。赠与人的撤销权，自知道或者应当知道撤销原因之日起一年内行使。

②　典型案例如中国一对夫妇因为行李安置问题与飞机机组人员发生争执，用英文要求空乘住嘴，空乘表示受到了侮辱无法正常工作，该夫妇随后被"请"下飞机。参见《上海夫妇被美航班赶下飞机事件：反复让空乘闭嘴》，2012年2月21日，新华网（news. xinhuanet. com/society/2012 - 02/21/c_ 111547104. htm）。

条给出了 5 个权利性条款的示例：1. 可以……；2. 有权……；3. 有……权利；4. 不受……干涉；5. 不受……侵犯。又如《广东省人民代表大会常务委员会立法技术与工作程序规范（试行）》第 69 条规定："设定权利，一般用'可以'、'有权'、'有××权利'等方式表述"。

这样的"陈述权利句式"①的优点在于高举权利旗帜，明确权利主体，用伦理语言表达出权利应当是什么、包括什么的观念，体现出权利的最终决定性。在《宪法》中用以宣示人民权利具有不可替代的优势。②但是，在具体的部门立法中，这种表达就显现出重大缺陷：权利的抽象规定脱离具体的法律关系，权利主体的突出并未明确由谁做什么来保障权利的实现，权利内容的抽象概括也无法指示主体应当如何行事，造成权利性条款过于笼统、抽象、模糊。因而权利规定最终只是"初显性的权利"而不是确定的权利。③例如，《消费者权益保护法》中规定消费者享有自主选择商品或服务的权利，但是，这样的表述并未将根本问题凸显出来，最应当加以明确的是经营者不能强买强卖、强迫消费者接受服务，不能剥夺或限制消费者自主选择的自由。因而，"权利陈述句式"实际上是一种"伪装的被动句式"，有关权利主体和权利内容的条款陈述因为不能说明权利所指向的具体法律行为而最终缺乏可操作性。

学界对如何解决这一问题存在不同主张：一方面，有专家指出，在新的历史时期，立法工作已经积累了丰富的经验，应当改变以往"宜粗不宜细"的原则，改变"有的法律文本长，但规范性条款过少，宣示性内

---

① ［美］安·赛德曼、罗伯特·鲍勃·赛德曼、那林·阿比斯卡：《立法学：理论与实践》，刘国福等译，中国经济出版社 2008 年版，第 310—311 页。

② 宪法权利的宣示特点决定于宪法本身的特征：宪法，不同于其他法律文本，其制定"着眼于未来"——宪法的作用就在于为实现政府权力的合法实施和坚持不懈的人权保障提供一套持续性框架，"一旦制定出来，就不得轻易否定或是修正。因此，宪法必须能够随着时间的推移而满足那些新的、甚至是立法者不曾想象过的社会、政治、历史现实的发展需要"。参见 Hunter v. Southam Inc.，［1984］2 SCR 145，41 CR（3d）97。本文中案例的参考文献格式均参照加拿大 McGill 统一法律引用格式，该格式得到了加拿大法院、法律杂志、大学以及法律从业人员等最广泛地使用。See Canadian Guide to Uniform Legal Citation，7th Edition），Toronto：Carswell，2010. 在这一格式中，对来自加拿大和美国的案例采用了不同的引用格式。

③ ［德］罗伯特·阿列克西：《法理性商谈法哲学研究》，朱光、雷磊译，中国法制出版社 2011 年版，第 232 页。

容多，可操作性少"①　的窘境；而另一方面，有学者则认为，现有权利立法并无不妥，至于提高权利性条款的可操作性的任务应当由下位法来完成。"任何一部立法都要平衡其规范的原则性和内容的实效性的关系，但一般而言，层级高的立法原则性、概括性较强而操作性较低，反之，层级低的立法则原则性、概括性较低而操作性较强"；进而强调在法律这一层级上立法重点应是确立规则而非规则的具体执行，又如《体育法》的立法所言，要依据法律位阶而为之，在体育法的层面上仅需作出原则性的规定，所有细节问题应当交由下位法去完成。否则，如果"一方面强调体育法的'基本法'地位，另一方面又强调其可操作性，这本身就是一个悖论"②。可见，在认可法律是调整人的行为规范的共识下，对是否要让每一层次的法律都来完成行为引导的任务出现了分歧。也就是说，相对高层级的宪法、法律是否应当与法规规章在具体可操作问题上区分开来？这一问题是权利性条款的完善所必须要正视和解决的。

第三节　权利理论的固有缺陷带给权利实践的负面影响

一　纯粹合法律性的权利导向产生出两极分化的权利态势

权利本位论将权利的合法性完全归结于实在法本身，以合法律性替代合法性的分析，让一部分掌握权力的强势群体获得了超乎寻常的利益保障，而弱势群体却只能眼看着自己的权益被一步步蚕食。从19世纪70年代末开始的改革，着眼点就是承认并鼓励社会成员追求合法利益。这场以利益为导向的改革，打破了当年的死气沉沉，点燃了社会大众内心中被压抑太久的发展欲望，但也带来了那种"趋向于将权利贬损至那种紧紧对于无节制的欲望与需求的表达"③。某些强势群体把自己的贪婪欲望包装成各色各样的权利要求。这样，他们无须费尽心力将蛋糕做大，而是只要

---

①　信春鹰、席锋宇：《信春鹰：见证国家法制化前行之路》，《法制日报》2012年9月8日第1版。

②　田思源：《对"体育基本法"的反思——再论"体育事业促进法"》，《法学杂志》2013年第3期，第72页。

③　［美］格伦顿：《权利话语：穷途末路的政治言辞》，周威译，北京大学出版社2006年版，第60页。

掌握和运用分配的权力，运用"权利"武器，即可获得丰厚利益。强与弱的对立愈发尖锐：城市化造就了"农民工"，干的是工人的活，享受的却是不公平的社会保障待遇；旧城改造让被拆迁户不得不走向城市的边缘，就因为补偿款根本买不到原居住地甚至数十分之一的房屋面积；① 教育资源分配的不公平、福利住房导致的公共资源分配不公平等，使得原本平等的权利在权力与金钱的支配下逐渐失去了自身的意义，沦为利益追求中博弈的工具，为特权披上了合法的外衣。"花钱买平安""特事特办"都让平等权利屈从于金钱和权力。在第十二届财富全球论坛召开前夕，凤凰财经特别发起"中国人财富观大调查"。截至 2013 年 6 月 5 日 12：00 的调查结果显示，高达 65% 的被调查网友认为"财富有原罪，只有品德败坏的人才可能巨富"。这样的结果从一个侧面印证了当前社会的仇富气氛：由于贫富日益分化，阶层固化，富人被打上了为富不仁的标签。有罪的不是财富，有罪的是掠夺他人财富。② 改革之初这一问题尚未凸显，但在经历了三十余年的沉淀之后，权利两极分化的趋势日益明显：强势群体利用权力作为保障，以权利作为武器，在攫取利益时所向披靡，并且妄图家族遗传以造福子孙；而弱势群体的权利主张之路却是几多荆棘，农民工讨薪往往需要铤而走险，甚至以命相搏。如此强烈的反差，怎能不让人"羡慕嫉妒恨"？埃尔斯特的研究告诉我们，当嫉妒"不强时，我的幸福优于他人的不幸福；我可能希望破坏他人的财富，但必须以不伤害到我自身为前提"，但"当嫉妒和敌意感很强时，则会出现某些交易的因素：我愿意牺牲自身的某些幸福来提高他者的不幸福"。③ 如果弱势群体被强迫尊重别人的特权，如果弱势群体自己的生存权利主张陷入了长时期徒劳无益的挣扎，那么时间赋予他们的将是明显感受到自己的灾难日益加重的痛楚。④ 正是如此强烈的反差，才会让人走向极端，将久已郁结的痛楚宣泄为

① 辛鸣：《改革转型：从利益追求到权利保障》，《南风窗·双周刊》2010 年第 1 期，第 29 页。

② 凤凰财经：《中国人财富观大调查报告》，2013 年 6 月 5 日，凤凰网（http：//finance. ifeng. com/news/special/2013fortune/20130605/8107861. shtml）。

③ ［美］埃尔斯特：《心灵的炼金术：理性与情感》，郭忠华、潘华凌译，中国人民大学出版社 2009 年版，第 188 页。

④ ［英］威廉·葛德文：《政治正义论》（第一卷），何慕李译、关在汉校，商务印书馆 2007 年版，第 14 页。

对社会的报复、对无辜百姓的伤害；正是如此强烈的反差，才会将不满情绪在人群中瞬间引爆，催生出群体性事件、突发性事件等社会冲突。

二　唯利益论笼罩下的社会冷漠

姚建宗教授在《法治的多重视界》一文中指出，我国学者对法治问题的思考当中，有一种普遍的、固定化的思维倾向——简约化，并在法治理论和实践中体现为"唯法律论"。[①] 在笔者看来，这种思想也愈发在普通社会成员中扩散开来，在实践中展现出负面威力。由于权利界定完全围绕利益而展开，"人"只是在服从法律中才得到承认，因而在权利实践中，唯法律论不仅没能有效地规范利益的获取，反而顺理成章地转变成唯利益论，[②] 使得法律反倒成了某些人为获取不法利益而合法使用的工具。老人跌倒扶还是不扶的争论将这一毒疮充分揭示出来：跌倒老人竟然为了一己私利诬陷好人，将法律用作颠倒黑白追求利益的手段。唯利益论甚至渗透到司法者的头脑中。在彭宇案的判决书中，南京市鼓楼区人民法院认定："如果被告是做好事，根据社会情理，在原告的家人到达后，其完全可以在言明事实经过并让原告的家人将原告送往医院，然后自行离开，但被告未作此等选择，其行为显然与情理相悖"。也就是说，当陌生人遇到困难时，路人介入帮忙倒成了与情理相悖的举动；袖手旁观反倒成为合乎情理的行动！难怪乎，我们看到了更多的老人摔倒却无人敢扶的实例；难怪乎，多达 18 位的行人对于被两辆车先后碾轧的小悦悦不闻不问。国人唯利益马首是瞻，却遗憾地将人之根本弃如敝屣，人与人之间似乎只剩下你争我夺、尔虞我诈。唯利益论的追求在合法收费的框架下更是被发挥到了极致：天价捞尸、天价拖车，他们的眼中独剩暴利追求，哪里还有人间真情。有学者将熟人社会向陌生人社会的转变进程视为社会的发展进步。[③] 但必须明

---

① 姚建宗：《法治的多重视界》，《法制与社会发展》2000 年第 1 期，第 8 页。

② 市场咨询公司益普索（IPSOS）对 20 个国家的一项调查显示，71% 的受访中国人表示会依据自己拥有的财富来衡量个人成功（to measure their success by what they own），这一比例明显高于其他被调查国家的反馈，比排名第二的印度高 13 个百分点。IPSOS. Global Attitudes on Materialism, Finances and Family, https：//www. ipsos-na. com/news-polls/pressrelease. aspx？id = 6359（accessed 30 Dec. 2013）.

③ 孙琳、刘少杰、翟学伟：《"陌生人社会"中的制度化生存——与省社科院胡光伟谈"熟人社会"向"陌生人社会"转型》，《四川日报》2006 年 12 月 19 日第 7 版。

确，进入陌生人社会绝不等于泯灭道德良知；陌生人社会是历史发展的现实，却远非人们追求的理想和目标；陌生人社会的进步意义在于以平等的制度约束取代了熟人关系成为社会交往的主旋律，而不是罔顾人情冷暖的唯利益论；置身陌生人社会，人可以完全凭借权利行事，不必苦苦寻求熟人关系才能得到保障，却绝非放任人们沦为金钱、利益的奴隶，不顾他人的死活。

三　罔顾人的尊严的绝对化权利主张

一方面，是罔顾他人尊严的权利绝对化的主张。为了获取利益不择手段，"已经是几乎泛滥于整个社会的共同目标……有钱就有尊严，为了钱可以丧失或选择性遗忘底线，直到百无禁忌抛弃道德、原则和法律"①。"权利"，在某些社会主体的眼睛里，已经可以用金钱衡量和交换，侵害他人权利大不了赔钱了事，完全不顾他人的尊严，不把人当作人来看。例如，新疆佳尔思绿色建材化工厂为了获利，打着"残疾人自强队"的旗号非法使用残疾人充当苦力，并采取抽打、体罚等虐待行为使残疾人的身心健康和人格尊严受到严重损害；②又如，"毒奶粉""瘦肉精""地沟油""染色馒头"等，让老百姓的生活、健康、幸福和尊严都中了毒。③除此以外，权利主张方式也渐趋绝对化。例如，航班延误的持续恶化让乘客维权之举愈发激烈，动辄对服务人员声讨谩骂，甚至大打出手。④过激的权利实现方式并没有为乘客带来预期的方便，反而只会使情况愈发糟糕。在美国一架航班上，一对夫妻就因为对空乘人

---

① 《我们的"底线"到底有多低?!》，《中国集体经济》2011 年第 5 期，第 46 页。

② 韦长伟、刘剑锋、侯烨：《严肃处理"智障包身工"事件：维护智障者人权》，2013 年 6 月 28 日，中国人权网（http：//www. humanrights. cn/cn/book/7/t20130628_ 1059307. htm）。

③ 2011 年 3 月 15 日，国务院办公厅印发的《2011 年食品安全重点工作方案》中指出，将重点抓好 6 个方面的重点品种的综合治理，具体包括乳制品、食用油、保健食品、鲜肉以及肉制品和食品添加剂。2011 年 4 月 22 日，国家食品药品监督管理局发布《2011 年餐饮服务食品安全重点工作安排实施方案》，将调味料和食品添加剂列为治理重点。

④ 参见《女教师因航班延误大打出手　地勤人员头部遭重击》，2013 年 7 月 1 日，新华网（http：//news. xinhuanet. com/air/2013－07/01/c_ 124933718. htm）；《陶杰：大国崛起的情绪亢奋致中国游客闹机场》，2013 年 2 月 25 日，凤凰网（phtv. ifeng. com/program/shehuizhengnengliang/detail_ 2013_ 02/25/22460272_ 0. shtml）。

员的谩骂而被赶下了飞机。①

　　另一方面，是权利无法正常实现时自我尊严的主动放弃。农民工在讨薪的艰难维权道路上，常常是保有尊严则难保生计，最终窘迫的生活迫使他们放弃了尊严。权力非但没有成为权利的守护者，相反，许多农民工说起自己讨薪过程中的最大痛苦，就是"感觉自己像皮球一样被踢来踢去，不知到底该找哪个部门"②。再看看讨薪的效率比，走正常法律途径讨薪的成本平均下来高于拖欠工资的三倍。③于是，有的农民工选择了跳楼讨薪、卧轨讨薪，以此吸引社会关注，以社会舆论的压力来解决讨薪的问题。有的农民工因此得偿所愿，于是更多的农民工选择寻求这样高效率却是非常规的权利主张方式。维权，不应再是一个个闹剧甚至悲剧，权利实现绝不能成为牺牲尊严换取利益的过程。要知道，"如果法律不能充分解决有社会和经济的迅速变化所带来的新型的争端，人们就会不再把法律当做社会组织的一个工具而加以依赖"④。

四　行为指引缺位导致人的规则意识淡漠

　　有学者将国人缺少权利意识和规则意识的原因归结为：人民群众未曾有效参与社会规则的制定中，导致权利意识难以觉醒。⑤这恐怕仅仅是问题的一个方面。更为根本的是，长期以来，无论是素质教育还是法律规范的构建，注重的往往是观念的宣示，却没有给出在人与人之间的相互交往中如何行为的指引。这样的做法看似赋予了个人充分的行为自由，实际上对解决具体问题根本毫无裨益。以老人跌倒扶与不扶的争议为例，道德批判浪潮徒劳无益，这一问题最终还是在卫生部出台具体的帮扶指南后才告一段落。而且，行为指引的缺位带来了规则遭到无视的负面效应。最为典型的表现就是国人无论走到哪里，仍依个人习惯行事，根本没有理会当地

---

　　①　《上海夫妇被美航班赶下飞机事件：反复让空乘闭嘴》，《钱江晚报》2012 年 2 月 21 日第 A14 版。

　　②　农民工反映：劳动行政部门认为讨薪不属于劳动关系而拒绝受理，法院以劳动关系应当先经劳动仲裁而拒绝直接立案。

　　③　崔丽：《农民工欠薪遭遇制度症结：讨薪需支付三倍成本》，2005 年 9 月 27 日，http：//www.southcn.com/news/community/shzt/nmggq/sdbd/200509270583.htm.

　　④　[美] 德沃金：《认真对待权利》，信春鹰、吴玉章译，中国大百科全书出版社 1998 年版，"中文版序言"第 2 页。

　　⑤　魏志奇：《规则意识缺失，症结在哪里》，《北京日报》2013 年 5 月 13 日第 18 版。

的法律法规。内地游客到了香港，在禁止饮食的地铁内大快朵颐，结果引发骂战。① 又如，有中国小朋友将"到此一游"刻到了埃及，国内讨伐之声四起，但埃及导游平静地自我检讨："这不是你们的错，这一定是哪个导游的错，导游应该阻止。"② 导游的责任感并不足以完全免除父母的责任。实际上，正是国人重理念宣传轻行为引导的教育方式，没有让父母重视规则、尊重规则，也未能带给下一代良好的示范和教育。总之，正是由于行为指引的缺位，人们即使有意识要遵守规则，也不知究竟该如何去做；个体判断由此取代了相应规则，规则的无用自然导致人们规则意识的淡薄；也正是因为国人规则意识的淡薄，才时常招致素质不高的批评。

---

① 陈晓星：《内地香港　善待"差异"》，《人民日报》（海外版）2012 年 2 月 6 日第 3 版。

② 林野、李禹潼：《埃及 3000 年神庙浮雕现"到此一游"——部分中国游客感羞愧，网友人肉"题名者"；律师称是否构成犯罪要看文物损坏程度》，《新京报》2013 年 5 月 26 日第 A04 版。

第五章

权利性条款实质理性规范化的权利发展史基础

　　权利本位论在西方权利理论的研究基础上，认定权利本位是法律发展的现代趋势。然而，权利本位的研究远未成熟，其固有缺陷也导致权利性条款陷入实施困境。归根结底，造成这一局面的根源在于权利本位论者对于西方权利义务理论和实践的认识错误和对中西方权利发展规律的对比失当。诚如邓正来教授所言，不少中国论者将西方法律理想图景视为"当然的原则，不需要思考，不需要批判，更不需要追它们当中所隐含的各种现代性问题。因此，对于他们来说，接受西方理想图景或原则并且彻底批判或否定中国各种'传统'法律资源乃是唯一的立场和态度"①。在权利研究领域，有学者甚至将权利发展的区别视为"东西方文明的差异标志"②。然而，对于我国古代权利发展的基本判断，权利本位论者的同一研究成果中却出现了自相矛盾的判断：一方面，该作者认为"由于以罪和罚为核心的封建法律文化根深蒂固"，"中国缺乏权利观念发育的社会条件"，法律权利"在中国的出现是 19 世纪西学东渐之后的事情"；另一方面，该作者却又认定中国古代"有关权利及其社会价值的观念、思想、理论相当丰富"。③ 对此究竟该作何理解？与此同时，与权利本位论所认定的西方权利发展规律所不同的是，西方权利发展的历史始终伴随着法律义务的身影；现代意义上的权利概念也并非在一夜之间形成，同样经历了漫长的探索和斗争历程。借由西方权利发展对比中国法律传统所作出的区分和批判，只能说是或多或少地建立在对本国文化的不自信的基础上；是

---

① 邓正来：《中国法学向何处去——建构"中国法律理想图景"时代的论纲》（第 2 版），商务印书馆 2011 年版，第 117 页。

② 齐延平：《论古希腊哲学中人权基质的孕育》，《文史哲》2010 年第 3 期，第 13—14 页。

③ 张文显、姚建宗：《权利时代的理论景象》，《法制与社会发展》2005 年第 5 期，第 3 页。

在对"西方法律图景"的憧憬和向往中，在自主寻求本国法治出路时表现出的些许自卑、些许焦急。

第一节　西方权利发展史中不乏法律义务的思想与实践

在张文显教授主编的《法理学》教材中是这样描述"西方思想史上的权利和义务概念"的："与对法律权利的比较分析，西方学者对法律义务的分析是相对匮乏的"；"在中世纪的文献中，亦没有与法律权利相对应的法律义务的明确表述"；法律义务成为独立概念是在近代，并"作为权利的对应物"才进入到更多法学家的视野。① 但是，从西方学者提供的历史资料来看，情况恰恰相反。无论是从中世纪权利义务发展的历史来看，还是从近代以来权利义务发展的逻辑顺序来看，西方社会并不缺乏法律义务的理论分析和客观实践。这就与我国学者所谓法律义务表述匮乏的结论形成了鲜明对比。

一　中世纪的法律义务规定

在探讨西方权利发展时，"传统的这个部分不时被人遗忘"——在中世纪，"当时的法律充满了人身关系和义务"，② 主体间的相互关系中已然有了法律义务的介入。即使是国王也需要承担明确的法律义务。在西方法治的观念中，"尽管教皇和国王制定法律，但他们是作为上帝的代理人那么做的"，因而，国王也要履行其职责。在英国 1215 年通过的《大宪章》中，贵族和教会强迫国王承担下列的义务，"不经'我们王国的地方全体会议'的同意，国王不得征收任何兵役免除税或贡金；'民事诉讼……应当在指定地点受理'；'不得凭借某种没有确凿可信证据的指控使任何人受审'；'任何自由民都不受逮捕、监禁、没收财产、褫夺公权、放逐或任何方式的伤害……除非那么做是按照与他地位相等的人的合法判决或按照国家法律'；'在权利或审判上，不得偏袒任何人，也不得拒绝或拖延任何人'"；等等。③

---

① 张文显主编：《法理学》（第 3 版），高等教育出版社 2007 年版，第 136 页。
② ［加拿大］格伦：《世界法律传统：法律的持续多样性》（第三版），李立红、黄英亮、姚玲译，北京大学出版社 2009 年版，第 160 页。
③ ［美］伯尔曼：《法律与革命》（第一卷），贺卫方等译，法律出版社 2008 年版，第 288 页。

封建法中，不仅对国王施加了法律义务的限制，从 1000 年开始，领主和封臣的相互义务也被规定得更为准确，而且双方的相互义务在一定条件下得以解除，"如果一方违背其义务并由此给另一方造成了严重伤害，那么另一方就有权通过一种称为 diffidatio（'撤回忠诚'）的庄严的蔑视性表示解除相互关系。在第一部系统论述英格兰法的专著——写于 1187 年，被认为是格兰维尔所著——中，作者认为……如果领主背叛忠诚的义务，那么封臣就得以免除服务的义务"①。

在这一时期，与农民权利的萌芽相伴的正是义务的法定化。从 11 世纪开始，调整领主与农民关系的庄园法开始形成法律体系，对农奴的奴役是由法律加以限定的，"这意味着农奴制变成了一种属于权利和义务的问题，而不仅仅属于习惯、意志和讨价还价的权利问题"；"法律上根据具体的劳务、实物地租和约定俗成的捐税而划分的农奴的义务变得固定化，领主不能非法地增加或改变"②。农奴根据这种法律义务实际上获得了权利的保障。③ 此外，农奴还获得了在法院诉讼的权利和义务。正是依据这些法定的权利和义务的规定，"由此他变成了人，庄园共同体的一名成员"，成为"庄园的公民"。④

二　义务先于权利的产生顺序

在区别中西法律传统时，权利本位论者常常强调在西方，更习惯以权利来思考问题；而在中国，甚至是东方，并不习惯如此，而是借助义务来思考。日本法学家川岛武宜在《现代化与法》一书中也持同样观点：在美国的道路上常看到的是"Yield Right of way""Yield"的道路标志，这意味着"请给拥有优先通行权的车辆让路"，是出于车辆互相之间的权利关系的构想；而在日本《道路交通法》第 36 条第 3 项中规定的则是"不得妨碍该车辆的行进"。它的支配性理念，不是优先通行车辆的权利，而是让道一方的义务。"这里也能象征性地看到，不是所谓'权利本位'而

---

① ［美］伯尔曼：《法律与革命》（第一卷），贺卫方等译，法律出版社 2008 年版，第 298—303 页。

② 同上书，第 323 页。

③ 在这一点上，与中国传统社会的权利萌芽是极尽相似的，后面详述。

④ ［美］伯尔曼：《法律与革命》（第一卷），贺卫方等译，法律出版社 2008 年版，第 323—326 页。

是'义务本位'的思维方式。"① 在我国，学界普遍认同义务来源于权利的结论，认为"义务应是为适应权利的需要而被设定出来的"②；"义务在实质上是权利的引申和派生物，当立法者发出禁令，要求人们承担起某种普遍的义务时，只有当它是从权利中被合理地引申出来的，它才能成为一种合理的存在"③。

但是，在西方，权利和义务思维的逻辑顺序与上述论断恰恰相反。根据庞德所述，西方的权利观念并不是"利益—权利—义务—诉讼—救济"的逻辑顺序，即并非因为法律要确认和界定某种利益，才产生出某项权利，而后以强制性义务保证该权利的实施。实际上，"发展顺序则是相反的"："例如，在英国法中有人向国王控告，国王发给提供救济的令状。从这种令状中发展出了诉讼。在诉讼之后人们才最终看到义务被执行，法学家们也看到了义务后面的相关权利"④。易言之，权利是义务的实践结果，而义务并非权利的引申或派生物。

阿蒂亚对英国法的考察也印证了这一观点：英国法"更倾向于先从义务开始，将权利视为义务的附带结果，而不是先从权利开始，然后强加义务以保护这些权利"。即使"当霍姆斯对权利进行冷嘲热讽的研究之时，他发现权利全部都消失了，但是义务却保持了一种更为稳固的存在形态"。⑤ 尽管随着现代改良实证主义的发展，这一状况发生了改变，但英国法从传统上与前述早期实证主义的理论相符合是"没有太多疑问的"：英国法在总体上不太关注权利本身，而是"如此坚决地奉行'救济本位和义务本位'"，以至于示威等很多公民权利根本不是正面存在，而是从反面——警察除非有法定原因否则不得阻止人们的行为来规定的。⑥ 在英国法中，法院一直怠于承认和发展实体性的权利，但却发明出新的救济方

---

① ［日］川岛武宜：《现代化与法》，王志安等译，中国政法大学出版社 2002 年版，第147 页。

② 张文显、姚建宗：《权利时代的理论景象》，《法制与社会发展》2005 年第 5 期，第10 页。

③ 郑成良：《权利本位论——兼与封曰贤同志商榷》，《中国法学》1991 年第 1 期，第31 页。

④ ［美］庞德《法理学》（第四卷），王保民、王玉译，法律出版社 2007 年版，第 34 页。

⑤ ［英］阿蒂亚：《英国法中的实用主义与理论》，刘承韪、刘毅译，清华大学出版社 2008年版，第 16 页。

⑥ 同上书，第 17—18 页。

式——禁令——作为当事人权利的保障方式。如关于违反保密义务的法律，通过禁令等救济方式而获得快速发展，并非通过扩张或发展实体性权利。因而英国法在总体上表现出这样一种趋势：通过借助救济和程序而非通过承认新的实体权利来发展法律。①

对于义务优先于权利的逻辑顺序，加拿大学者在论证立法与司法的关系时也指出："通过构建法律义务以及违反这些义务行事的法律后果，立法得以确认法律权利和法律责任。"即法律权利实际上是法律义务被违反的产物，而不是法律义务产生于法律权利的要求。②

三　20 世纪西方权利发展转向强调义务约束

西方社会，"在 16 世纪以后，一种自由竞争式的独立个人的社会理想，随着近代经济秩序的发展而慢慢成长起来，并在法学思想和法律传统中替代了起源于古代并在中世纪建立起来的理想。这种较新的理想在 19 世纪得到了充分的发展"③。但这种理想在 19 世纪结束以前的历史舞台上消散了。④ 自 20 世纪起，受到广泛重视的是对个人权利施以社会义务的约束和限制。⑤ 在美国，正是意识到权利绝对化"不仅使个人权利碰撞的机会成倍增加，而且也使核心民主价值面临平凡化的风险"，权利冲突"妨碍了相互妥协、相互理解的达成以及共识基础的发现"，⑥ 美国普通法也开始强化个人的社会义务。如同我国跌倒老人扶与不扶的争论，美国媒体在过去数十年中也时常报道旁观者对遭受意外或暴力犯罪的受害人熟视无睹的新闻，引起社会的关注。只是在相当长的一段时期内，立法确立的原则是个人没有救助陌生人的责任——无论人们的道德情感多么强烈地呼唤人们给出响应。直到 20 世纪中后期，普通法的立场才得以转变，进行

---

① ［英］阿蒂亚：《英国法中的实用主义与理论》，刘承韪、刘毅译，清华大学出版社 2008 年版，第 58 页。

② Moira McCarney, Ruth Kuras, Annette Demers, Shelley Kierstead, *The Comprehensive Guide to Legal Research*, *Writing & Analysis*（*Volume 1*），Toronto：Emond Montgomery Publications Limited, 2013, 6：3.

③ ［美］庞德：《通过法律的社会控制》，商务印书馆 2008 年版，第 7 页。

④ 同上。

⑤ 马汉宝：《法律思想与社会变迁》，清华大学出版社 2008 年版，第 15 页。

⑥ ［美］格伦顿：《权利话语：穷途末路的政治言辞》，周威译，北京大学出版社 2006 年版，"前言"第 3 页。

了设定救助责任的尝试，如通过撒玛利亚好人法等法案。① 在欧洲，救助他人则被认为是道德的底线，法律规定未向身处险境之人施以援手是一种罪行。②《法国刑法典》（French Penal Code 1958）第 63 条规定："任何人，在自身或他人安全无虞的情况下，若能以自己的立即行动来阻止对自己或他人的严重犯罪，却主动放弃这样去做，应当被判处一个月至三年的监禁，和 24000 至 1000000 法郎的罚金，或者上述处罚中的一种。同样的处罚适用于任何人，若其能够对身处险境的他人以自身的行动加以帮助或者获得其他救助却主动选择了漠视"。在加拿大，施用大陆法系的魁北克省出台的人权与自由宪章（Quebec Charter of Human Rights and Freedoms, RSQ 1980 cC12）第 2 条规定："任何人生命受到威胁时都有权获得帮助。任何人都必须以自己的行为或电话求助的方式来救助生命受到威胁的他人，为其提供必要的和紧急的物质帮助，除非为此可能对救助者或第三人造成危险，或者救助者有其他合理的理由"。③ 在加拿大采用普通法的各省，则采取了与魁北克省不同的态度，立法并未确立陌生人救助他人的义务。但是，近年来，出现了例外情形，为保护儿童的信息报告义务成为每个人的法定义务。如萨斯喀彻温省 2010 年修订的《儿童性虐待受害者紧急保护法》（*The Emergency Protection for Victims of Child Sexual Abuse and Exploitation Act*）第 24（2）条规定："任何人，如果有合理理由相信儿童已经遭受或即将遭受性虐待，必须将这一信息报告给儿童保护官员或治安官员"。与该义务相对应的是刑事责任，而不是民事责任：该法第 24（3）条中规定，任何人违反上述规定都将被认定为犯罪，可能面临最高 25000加币的罚款和（或）24 个月的监禁。总之，与权利发展相伴的，是学界乃至全社会对权利绝对化现象的担忧，因而近年来西方立法中反映出强化社会义务的趋势。正如法国的一名杰出的法学家所说，这类法律提醒着人们，我们是社会的一员，我们的所作所为应该有所担当。总而言之，社会文明要靠两个因素来达成：一方面是个人的独立性，另一方面是合作的、

---

① ［美］格伦顿：《权利话语：穷途末路的政治言辞》，周威译，北京大学出版社 2006 年版，第 103—118 页。

② 同上书，第 111—112 页。

③ Article 63 of French Penal Code translated by Graham Hughes, See Graham Hushes, "Criminal Omissions", 67 Yale L. J. 590, 1958, p. 632.

有秩序的、组织起来的行动。① 借用格伦顿所言，"净化"权利语言、发展固有的权利传统，就要在自由与责任、个人主义与共同体、当前需求与远景规划之间的对话中，强化人与人的相互关系和社会责任。②

第二节　西方人权概念的形成不是一蹴而就的

权利本位论者在谈及权利概念时，认为"在中国古代，尽管有关权利及其社会价值的观念、思想、理论相当丰富……但是这些论述距离'权利'概念的科学抽象差得很远"③。实际上，一个概念的形成，正是从不完善到完善，从混乱到确定的过程。在西方，即便权利研究经过了数个世纪的发展，权利仍被视为"一个严重地使用不当和使用过度的词汇"④。又如英语中的"人权"一词，也并非自古就有的，该词汇的精确意义来自几个世纪的历史积累。"人权"一词在英语中的使用是在 18 世纪开始的，但"18 世纪的人们不常用到'人权'的表达，即使当他们使用时，也与我们今天使用的人权含义大相径庭"⑤。在 18 世纪，英语和法语中的人权的说法，无论是 human rights，还是 rights of mankind 或是 rights of humanity，都被证明过于宽泛而没有直接用于政治范畴。人权的说法"更常与宗教一起出现，如在'神权和人权'（divine and human rights）甚或'神授的神权'（divine divine rights）对比'神授的人权'（divine human rights）"⑥。"杰斐逊（Jefferson）在 1789 年之前，最经常使用的是'自然权利'（natural rights）。只是在 1789 年之后才使用了'人的权利'（rights of man）一词。"⑦ "当英国人在整个 18 世纪还在偏爱'自然权利（natural

① ［美］庞德：《通过法律的社会控制》，沈宗灵译，商务印书馆 2008 年版，第 62 页。

② ［美］格伦顿：《权利话语：穷途末路的政治言辞》，周威译，北京大学出版社 2006 年版，"前言"第 3—5 页。

③ 张文显、姚建宗：《权利时代的理论景象》，《法制与社会发展》2005 年第 5 期，第 3 页。

④ 转引自夏勇《中国民权哲学》，生活·读书·新知三联书店 2004 年版，第 309 页。

⑤ 笔者对《人权的发明：一部历史》中文版的翻译深表赞同的直接使用了其中的内容，有不同意见的地方则使用了笔者对英文版的翻译。See Lynn Hunt, *Inventing Human Rights*, New York：W. W. Norton & Company，2007，p. 22.

⑥ ［美］亨特：《人权的发明：一部历史》，沈占春译，商务印书馆 2011 年版，第 178 页。

⑦ Lynn Hunt, *Inventing Human Rights*, New York：W. W. Norton & Company，2007，p. 22.

rights)'或是'权利（rights)'的用法时，18世纪60年代法国人创造了人权的新的表达方式（droits de l'homme)。"① 在卢梭的《社会契约论》中的使用，才让人权一词成为人们广为使用的词汇。但是要想说明人权的定义，却是不容易的。人权不只是在文献中系统阐述的学说，它们依赖于对其他人的意向、依赖于一系列人们在世俗的世界里是什么样的和他们如何识别正确与错误的坚定信念。在18世纪，人要享有人权需要两种特征，理性的能力和自主作出决定的自由。儿童和精神失常的人缺乏理性，仆人、奴隶、无产者和妇女则缺乏自主的独立身份。这一状况是慢慢在人们的新的情感共鸣与根深蒂固的偏见的斗争中得以改善的。这种意志自由和心灵的共鸣不是凭空出现的，它们有很深的根基。在长达几个世纪的历史进程中，个人已经开始从聚集的群体之网中脱离出来，他们已经在法律上和心理上日益成为意志独立的人。这一趋势取得了突破性进展，父亲对孩子的绝对权力受到了质疑，司法中的拷问和肉刑开始被认为是不能被接受的。以法国为例，《人权宣言》在1789年8月26日颁布，宣布法律面前人人平等。但是，权利扩大至不同的人群却经历了不同的次序。新教徒们于1789年12月24日获得了他们的政治权。犹太人最终于1791年9月27日赢得了同等的权利。一些自由黑人，但不是所有的黑人，于1791年5月15日赢得了他们的政治权，不料到9月24日就失去了他们的权利，接下来在1792年4月14日又重新获得他们的权利并更为普遍地实施于更多的黑人。1792年8月10日，在法国本土，选举权扩大到了除仆人和无业人员以外的每一个人。1794年2月4日，奴隶制度被废除，平等权至少在原则上才授予奴隶。但在革命期间，妇女从未获得过平等的政治权利——虽然她们获得了平等继承权和离婚权。② 加拿大女性争取选举权的斗争也可谓一波三折：1916年，只有三个省（Manitoba、Alberta and Saskatchewan）承认女性的选举权，一年后有两个省（British Columbia and Ontario）给予承认，之后有三个省（Nova Scotia、New Brunswick and Prince Edward Island）分别在1918年、1919年和1922年分别给予承认；

---

① 当学者在观察西方社会的权利发展时，通常将"西方"作为一个整体来做判断，却很少注意西方各国作为一个个独立个体之间的发展差异。对人权一词的考察或许可以给我们一点启示。

② Lynn Hunt, *Inventing Human Rights*, New York：W. W. Norton & Company, 2007, pp. 149 – 150.

在联邦层面，1917 年的《军事投票法》（*Military Voters Act*）仅赋予了在战争中服务的女性护士以投票权，同年稍后出台的《战时选举法》（*Wartime Elections Act*）将享有投票权的女性扩展至为战争服务的人员（包含已死亡人员）的妻子、母亲、姐妹、女儿等，1918 年通过的《妇女选举权法》（*Women's Franchise Act*）才给予每个年满 21 周岁的女性以选举权，直到 1929 年，加拿大枢密院司法委员会（当时事实上的最高法院）推翻了加拿大最高法院的裁定，并承认女性可以获任参议员的资格。①

可见，在西方人权的发展史上，最基本的人权概念也是随着历史不断推进的。儿童、妇女等人群也经历了从被拒绝到被承认的过程，而人权概念也是在社会共同认识的发展和人民的不懈斗争中才得以承认和发展的。因此，在探讨中西权利发展问题时，不能因为一个概念的"科学抽象"程度有差距，就妄下判断，否定本国权利发展历史。

第三节 中国自古不乏权利思想与实践

中国自古已有"民惟邦本，本固邦宁""民为贵，社稷次之，君为轻"等民本、民权思想，"犹如一颗宝石，一旦拂去由种种御民术、统治术厚裹的岁月尘埃，洗尽由欧洲文化中心主义和长期的革命政治批判烙印下的现代垢印，便会在我们的眼前熠熠生辉"。② 中国社会生活本身即具有"丰富的规范性"③，中华文明的发展史，本身也是一部为权利斗争而写就的历史。

一 "厌讼"不等于权利意识缺失

长期以来，学界认为：在西方，以诉讼维护自己的权利被认为是正当

---

① A. Prentice et al. , *Canadian Women: A History*, Toronto: HBJ-Holt Canada, 1988, pp. 207 – 282.

② 对中国古代权利思想发展脉络的梳理，详见夏勇《中国民权哲学》，生活·读书·新知三联书店 2004 年版，第 1—56 页；张文显《法哲学范畴研究》，中国政法大学出版社 2001 年版，第 292—297 页。

③ ［加拿大］格伦：《世界法律传统：法律的持续多样性》（第三版），李立红、黄英亮、姚玲译，北京大学出版社 2009 年版，第 358 页。

的；而在中国，长期以来的传统是"厌讼""畏讼"。但是，这一对比①并不代表可以将诉讼参与程度作为衡量权利意识、权利观念的标准，二者不可混为一谈。在中国古代，儒教教导"高等"的人们：知识分子应该避免追求财富（虽然没有贬低财富本身）。②《论语·里仁》中说道："君子喻于义，小人喻于利"；"放于利而行，多怨"；"欲利己者必损人，欲利财者必敛怨"。如此导向，让人们坚定了如下信念："诉讼正缘于争财夺利，所以被指为小人之行，为君子所不齿。百姓一旦涉讼，被官府传唤，便被邻里所非议和小视。人们迫于社会舆论的压力，所以不愿也不敢轻易走进衙门"。③ 类似的情况不仅出现在中国，同样在日本，以诉讼维护权利也被认为是自我中心主义的，是"扰乱和平、不当地索求政治权力的救济行为"，因而时常会受到责难。川岛武宜给出了这样的例证，在东京都郊区的某一农村发现有一户农家，村里人都不愿同他们来往，且谁也不愿把女儿嫁给这家人。原因居然是这家人的上上辈人为了地界问题提起过诉讼。④

　　在中国古代，农业生产方式迫使人们在天灾和人祸（土匪、外侮、战争等）面前必须团结一体，共同抵御自然和人为灾害。⑤ 因而，在国家

---

　　① 这一区分是权利本位论者给出的，自身是否能够成立需要打上一个问号，原因不仅来自对中国古代情况的考察，甚至也来自对西方情况的妄加判断。因为在埃里克森对美国纠纷解决情况的考察中，同样为我们展示了当地人"厌讼"的景象：在夏斯塔县，居民们都认为"所谓好邻居就是不打官司"，"他们强烈赞同以非正式方式解决内部纠纷"。同样，不愿使用法律的地区并不限于上述农村地区，麦考雷发现威斯康星州的商业人士也有这样的特点。埃里克森为此给出的解释是，根据福利最大化规范的假说，关系紧密的群体常常会认为自身的规范高于政府的法律，因为远方的法律制定者也许不如这些群体规范的制定者更了解当地的情况，当地的非正式社会控制体系就此相对可靠并且便宜，也可以以此规避法官腐败等政府不合法的情形。参见［美］埃里克森《无需法律的秩序：邻人如何解决纠纷》，苏力译，中国政法大学出版社 2003 年版，第 308—310 页。

　　② Reinhard Bendix, *Max Weber: An Intellectual Portrait*, Berkeley and Los Angeles: University of California Press, 1977, p. 124.

　　③ 武树臣：《孔子的"无讼"及其影响》（http：//www. civillaw. com. cn/article/default. asp? id =19024）。

　　④ ［日］川岛武宜：《现代化与法》，王志安等译，中国政法大学出版社 2002 年版，第 147—171 页。

　　⑤ 诚如卢梭所言，"在自然状态中侵害人类生存的各种障碍在强度上超出了每个个人为了维持该状态所能使用的力量……由于人类不能再产生新的力量，只能联合和发挥现有的力量，他们为了保存自己别无他法，只能集合现有力量……用全部共同的力量来捍卫和保护每个结合者的人身和财产"，以此避免"行将毁灭"的危险。参见［法］卢梭《社会契约论》，杨国政译，陕西人民出版社 2003 年版，第 10—11 页。

内部纵向的维度上，为了让国家太平、让每个人都能"平静的生活"，就必须让"每个人时时刻刻都感到对他人负有许多义务"。① 由此而言，实际上正是为了这种"集体权利"②，才让个人承担了相应义务，甚至是苛刻的义务——赋税、兵役等。无论是乡规民约的要求，还是"家法"和"族法"的要求，严格的个人义务都在一定程度上替代了法律和权利制度来发挥作用。③ 正是在这一意义上，中国的理想社会是"无为而治"的憧憬，是"上善若水……利万物而有静"而"不争"④ 的处世之道。诉讼是对需要共同维护的封建礼制的破坏，是对这种集体权利和伦理或者称为人与人之间"协同式"关系的破坏，⑤ 而集体权利一旦受到伤害，相互协作将受到威胁，集体安全、集体生产等利益都将难以为继，更何况个人安全和利益。因此，诉讼才被人们所厌弃；人们放弃诉讼正是为了促进个人权利获得相对而言更为有效的保障。再从人与人之间的横向关系来看，达致无为而治的理想"是以每个人都是一个具有道德自律机制的小宇宙的观念为前提"⑥。中国自古强调"修身、齐家、治国、平天下"——"古之欲明明德于天下者；先治其国；欲治其国者，先齐其家；欲齐其家者，先修其身；欲修其身者，先正其心；……心正而后身修，身修而后家齐，

---

① ［法］孟德斯鸠：《论法的精神》（上），张雁深译，商务印书馆1997年版，第312—315页。

② 贡斯当指出：西方古代，个人权利的实现也是要以集体的方式来体现，要依赖于集体权利的实现，没有了这种集体方式，也就不可能有个人权利的体现和实现。个人屈从于集体权利，"由于对社会权力的参与而得到了充分的补偿"。参见［法］贡斯当《古代人的自由与现代人的自由——贡斯当政治论文选》，商务印书馆1999年版，第37页。

③ De Bary指出：在古代中国，关系是个人和更大的、和谐的群体之间的纽带。整个社会呈现出自己的活力，而无须外界干预来保持内部的紧密关系。转引自［加拿大］格伦《世界法律传统：法律的持续多样性》（第三版），李立红、黄英亮、姚玲译，北京大学出版社2009年版，第367页。

④ 梁海明译注：《老子》第八章，山西古籍出版社1999年版，第14页。

⑤ 日本学者将这一点与西方的法观念加以对比，总结出"看树的西洋人，看森林的东洋人"，认为中国法总是总体性地把握社会，不想明确地把个人从集团中分离出去；个人与家庭、个人与共同体之间不是相互独立的关系，允许个人为这些集团所吸收。参见［日］铃木贤著、陈根发译《中国法的思考方式——渐层的法律文化》，郑永流主编《法哲学与法社会学论丛·二〇〇七年第一期（总第十一期）》，北京大学出版社2007年版，第137—149页。

⑥ ［日］大木雅夫：《东西方的法观念比较》，华夏等译，北京大学出版社2004年版，第15页。

家齐而后国治，国治而后天下平"①。意思是说，只有思想端正、自我修养完善，才能使家庭整顿有序、国家安定繁荣、天下平定。正因如此，三纲五常②的人伦教化，意在使每一种人伦关系（人与人的关系）中，双方当事人都能够尽其道、为所应为，恪守礼节的行为规则。③例如，为了达致"父子有亲"，必须做到"父慈子孝"，也就是《大学》中所谓的"为人子止于孝，为人父止于慈"。又如，夜不闭户路不拾遗的社会理想状态并不能够在权利诉讼中达成，而是需要个人的自律、乡邻的相互守望而造就。可见，礼仪教化之下的个人义务的履行使得个人安于这样的集体权利之中，即使发生纠纷，人们寻求的是贤者的调解，是辨清蕴藏于礼之背后的天理人情——"理之不可易者"④，而不是法官来解决当事人的纠纷。⑤

　　但是，对诉讼的放弃不仅不是对权利观念的否定，相反，正说明在中国古代个人权利特殊的存在方式。一旦这种集体权利模式被统治者的无能或暴政无情摧毁时，便爆发出武装革命来争取权利的形式。诸如王小波、李顺起义提出的"吾疾贫富不均，今为汝均之"；钟相、杨幺起义提出的"等贵贱、均贫富"；李自成起义提出的"均田免粮"；太平天国"有田同耕，有饭同食，有钱同使，无处不均匀，无处不保暖"等口号，无不体现出对平等权利的追求。

二　中国古代的民权实践

　　"得民心者得天下"，正是对人民的尊重和民权的关照才造就了太平盛世，也正是对人民的轻视和对民权的忽视让倒行逆施的昏君痛失天下。其中，税赋制度是集中体现之一。秦朝、暴隋的政亡，原因就在于"赋繁役重，官吏贪求，饥寒切身"，即官吏对人民任意摆布和压榨致使税赋沉重。正因如此，唐高祖李渊反复强调民本精神"君者，舟也；庶人者，

---

① 朱熹集注：《字典四书大学中庸》，清宣统三年成文信藏版。

② 《白虎通义·三纲六纪》称："三纲者何？……君为臣纲、夫为妻纲、父为子纲。"五常指五种儒家认定的人伦关系的原则：仁、义、礼、智、信。

③ 马汉宝：《法律思想与社会变迁》，清华大学出版社 2008 年版，第 23 页。

④ 何志华、朱国藩主编：《荀子与先秦两汉典籍重建资料汇编》，香港中文大学出版社 2005 年版，第 190 页。

⑤ ［日］大木雅夫：《东西方的法观念比较》，华夏等译，北京大学出版社 2004 年版，第 15 页。

水也；水则载舟水则覆舟"，并采取"轻徭薄赋"的策略，在唐武德七年（公元624年），颁布均田令和租庸调法。尽管均田制的用意在于将人民固着于土地之上，但在客观上，据《旧唐书·食货志》记载，"凡天下丁男给田一顷，笃病废疾给田四十亩，寡妻妾给田三十亩，若为户加二十亩。所授之田，十分之二为世业，八余为口分。世业之田，身故则为户者授之，口分则收入官，更以给人"①的措施，以及禁止官吏凭借势力侵吞公私田的法律，确系尊重民意、解决民困，并体现出照顾老年人和寡妻妾等弱势群体的精神，颇有国家福利保障的意味。而租庸调制的实施又依赖于均田制，人民得到授田的权利后才来负担赋税的义务，这两项制度实际上体现出为民置产的理念。

再来看看中国古代的奴隶制度。公元604年，隋炀帝即位，下诏免除"妇人及奴婢部曲"之课役。到宋代，禁止蓄奴或卖身为奴及买人男女为奴，凡奴婢均须放免。②明朝，朱元璋颁布了改奴为良的法令，"诸遭乱为人奴隶者，复为民"；按《明律》规定，"庶人之家不许存养奴婢"，存养奴婢者，杖一百，奴婢即放为良。③清朝奴隶制逐步趋于衰落。到18世纪中叶，庄园上的壮丁已十分稀少。奴婢通过赎身可以购买人身自由。从雍正元年到八年，一系列的"除贱为民"的谕旨，废除了相当众多的"贱籍"，尽管各地阳奉阴违，直到20世纪仍保留很少部分的贱民，但这对残存的蓄奴制是一次削弱和打击。④清乾隆五十三年（公元1788年）修订后的雇工人法律，规定"凡官民之家，除典当家人、隶身长随仍照定例治罪外，如系车夫、厨役、水火夫、轿夫及一切打杂受雇服役人等，平时起居不敢与共，饮食不敢与同，并不敢尔我相称，素有主仆名分者，无论其有无文契、年限，均以雇工论。若农民佃户雇请耕种工作之人，并店铺小郎之类，平日共坐共食，彼此平等相称，不为使唤服役，素无主仆

---

①　《中国古代史研读要览》，黑龙江人民出版社1990年版，第220页。

②　参见戴建国《"主仆名分"与宋代奴婢的法律地位——唐宋变革时期阶级结构研究之一》，《历史研究》2004年第4期，第55—73页。

③　参见张民服《试论明初的人口政策》，《首都师范大学学报》（社会科学版）2006年第3期，第59—64页。

④　吴宇虹：《从世界史角度看古代中国由奴隶制向半奴隶制社会的发展》，《东北师范大学学报》2005年第3期，第25页。

名分者，亦无论其有无文契年限，俱依凡人科断"①，也就是说，佃户与地主并"无主仆名分"，彼此也应平等对待。乾隆年间农奴制度的基本解体。"乾隆十年（公元1745年）的内务府档案《庄头处呈稿》中，具体记载了这个解体过程。"② 《呈稿》中言："今各庄人口生齿日繁，亲丁、壮丁以至三万余名。其庄头等承领官差，养赡亲丁，尚有拮据不能者，其名下壮丁过多，势必不能养赡。且庄头等陆续自置人口，遇比丁之年，一入丁册，即系官人，又不敢令其他往谋生，是以壮丁等每不免于坐受饥寒之苦。且庄头身不能约束人，其中往往有庄头以壮丁妄生事端，而壮丁又以庄头不肯养赡，互相控告。臣等伏思，庄头名下壮丁过多是属无益（应如会计司所呈，释放大批壮丁为民）……如此不但可免伊等互相争控之端，且庄头等既无拖累，而壮丁等亦得各谋生计矣。"③ 这份呈稿描述了当时畿辅皇庄的危急形势，奴役壮丁的农奴制对皇室已经"无益"，为使其免于"坐受饥寒之苦"，在势难拖延的局面下，皇帝批准了内务府的建议，将大量壮丁交地方官"载入民籍，听其各谋生计"。这样，皇庄上的农奴制度从此发生了根本性的变化，很多处于农奴地位的壮丁摆脱了农奴制的枷锁，成为"良民"，境遇普遍较前有所改善。④

综上所述，中国古代的民权实践，在实力对比悬殊的斗争中进展艰难，但这一点无法改变人民为权利而斗争的历史进程。正是近代以来无数革命先烈的英勇奋斗，才建立起让人民获得解放和真正享有权利的新中国。

第四节　中西权利发展的共同进路

在权利发展的历史上，总是充满矛盾与争论。即使在伟大的作品诞生之际，争吵之声也是不绝于耳。1789年8月20日，法国新的国民会议开幕的时候，一个由40名代表组成的委员会开始讨论人权宣言的24项条款

---

① 参见李文治《论中国地主经济制与农业资本主义萌芽》，《中国社会科学》1981年第1期，第153页；蒋燕玲《论清代律例对雇工人法律身份的界定》，《社会科学家》2003年第5期，第152页。

② 李帆：《论清代畿辅皇庄》，《故宫博物院院刊》2001年第1期，第63页。

③ 档案：《内务府呈稿·管理三旗银两庄头处》乾庄1号，乾隆十年。

④ 李帆：《论清代畿辅皇庄》，《故宫博物院院刊》2001年第1期，第63页。

的文本。经过 6 天喧嚣的辩论和无休止的修订之后，与会的法国代表们仅仅通过了 17 项条款。被连续不断的争执搞得疲惫不堪的代表们在 8 月 27 日投票采纳了《人权和公民权宣言》。人权宣言的发表，引起了世界范围内舆论的探讨，既有赞同的，也有反对的。著名的政论家和国会议员埃德蒙·柏克，猛烈地攻击了法国大革命的原则，认为法国大革命是迄今为止世界上最惊心动魄的事情，它仅仅开了个头，巨大的危险和混乱随之而来。① 但历史证明，权利发展是无法阻挡的。是什么力量在推动权利的不断进步？原来，权利观念"本质上还带有'正当'意味……它表明了某种道德态度"②。"所有人权都建立在一个国家和社会的道德标准之上——皆视习惯、民情、风尚等是否对享有和行使这些基本人权具有有利的环境与条件而定。"③ 社会成员对人之为人的道德共识的不断深化，促使权利范围不断累积扩张。"公民权利是'那些旨在扩大或捍卫社会公民资格之界限的社会运动的结果'。"④ 起初，资产阶级革命争取到"自由、权利平等、私有财产神圣不可侵犯"的权利，被称为保障自由的人权，发展于18 世纪。但在 18 世纪实际普遍的权利原则中，儿童、精神病人、囚犯或异邦人不能够参与到政治进程中，没有财产的人、奴隶、获得自由的黑人、在某种情况下的少数民族宗教信仰者、妇女，也都被排除在参与政治之外。⑤ 之后，保障参与的政治权利在 19 世纪发展起来，保障基本福利的社会权利在 20 世纪发展起来。⑥ 以美国法律权利的发展为例，根据原初的个人权利观点，自由就是免受政府的限制，宪法最重要的个人权利条款或许就是将合同自由从政府干预中豁免出来的合同条款，以及保护各州公民免受其他州政府保护性干预的特权和豁免权条款。⑦ 历史发展到 20 世纪中叶，最初由权利法案确认的政治权利的保护——包括言论自由权、

---

① ［美］亨特：《人权的发明：一部历史》，沈占春译，商务印书馆 2011 年版，第 3—4 页。

② ［美］伯尔曼：《法律与宗教》，梁治平译，生活·读书·新知三联书店 1991 年版，第 220 页。

③ ［美］查尔斯·比尔德：《共和对话录》，杨日旭译，东方出版社 2008 年版，第 37 页。

④ 转引自［美］托马斯·雅诺斯基、布雷恩·格兰《政治公民权：权利的根基》，［英］伊辛、特纳主编《公民权研究手册》，王小章译，浙江人民出版社 2007 年版，第 48 页。

⑤ ［美］亨特：《人权的发明：一部历史》，沈占春译，商务印书馆 2011 年版，第 5 页。

⑥ ［德］霍耐特：《为承认而斗争》，胡继华译，上海人民出版社 2005 年版，第 121 页。

⑦ ［美］桑斯坦：《权利革命之后：重塑规制国》，钟瑞华译，中国人民大学出版社 2008 年版，第 17 页。

出版自由权、获得审判团审判权、免遭无理搜查和扣押的权利等——"随着我们国家规模和国家实力的壮大，这些政治权利……已被证明不足以确保我们平等地追求幸福的生活"，美国人接受了"第二权利法案"，也就是那些"能够为一切人，无论其身份、种族或信念，提供一个安全和发展的新基础"的新的经济权利——包括获得工作机会和足够收入的权利、从事免受不公平竞争和垄断控制的商业活动的权利、拥有体面住宅的权利、医疗保障权利、福利权、受教育权利等。① 到了美国新政与20世纪80年代之间，美国爆发了一场权利革命，在一系列社会的影响下大胆的法律创议被提出：环境保护运动产生出《空气净化法》《水净化法》《海洋倾废法》《国家环境政策法》《安全饮水法》等，以及各种规制噪音、农药和有毒物质的法律；消费者运动促成了《汽车安全法》《消费者产品安全法》等。国会因此创设出一系列的法定权利，"更新了美国有史以来大部分时间均遵守的原初宪法框架和政府体系"，这些权利实际上正是社会权利的肯定，"免于工作场所风险和消费者产品风险的权利，免于贫穷的权利，免于长时间工作和低工资的权利，免受欺诈和诈骗的权利，免受雇主支配的权利，免于片面的和纯粹商业性广播电视的权利，以及免于肮脏的空气、肮脏的水和有毒物质的权利"。② 总之，由权利发展的历史来看，自由权是基本自由的满足——为了保障个人生命、自由、财产免受国家干涉的消极权利，政治权利是保障个人能够参与社会公共意志的形成过程，社会权利则意在保障个人公平分配社会资源，并且具体化为积极的请求权。③

　　在社会主义中国，权利发展也经历了相似的过程，不同在于短短几十年时间就形成了中国特色社会主义法律体系。就宪法规定的公民基本权利而言，1982年宪法继承和发展了1954年宪法的基本原则，规定公民在法律面前一律平等，并确认了公民的政治自由、宗教信仰自由、人身自由等权利；1999年宪法修正案确认公民通过"多种分配方式并存的分配制度"

---

① Franklin D. Roosevelt, "Message to the Congress on the State of the Union", http：//www. udhr. org/history/1 - 11 - 44. htm（accessed 24 July 2013）.

② ［美］桑斯坦：《权利革命之后：重塑规制国》，钟瑞华译，中国人民大学出版社2008年版，第13—27页。

③ 高连奎：《世界文明的标杆——德国模式》，2012年6月11日，本色网（http：//www. bensewang. com/shishi/97376. html）。

取得财产的权利；2004 年宪法修正案增加了"公民的合法的私有财产不受侵犯"，"国家建立健全同经济发展水平相适应的社会保障制度"，"国家尊重和保障人权"等规定。

正如庞德所言，让两大法系相互区别于彼此的，是法律所采用的"技术"，而不是其他法律要素。① 同样，中西权利的发展，都"深深植根于一般人的信念、习惯、感情和实际生活之中"②；权利发展的历史，"可以被理解为道德责任个人普遍特征的范围渐渐扩大的过程"③。随着人们普遍认同的深化，最初作为平等主体的抽象人格获得了尊重，之后每个社会成员生存发展的具体人性特征逐渐得以保障。尽管中西权利发展进程、实现状态等因为各国人民的选择而千差万别，但无论何者，权利总是凸显出对人的尊严、自觉能力的认同。④

第五节　反思中西权利发展史得到的启示

重新审视中西权利发展的异同并非来否定权利本位的观念，相反，对权利发展历史的正确认识能够为权利本位的进一步发展提供新的思路，为中国权利立法的发展提供科学的理论支撑。如果说，改革开放以来三十多年的权利立法更为突出利益分配的权利宣示，那么，在新的历史时期，权利制度的设计更应强调人与人之间的相互平等、相互尊重；权利在人与人之间促成的并非只是利益的争夺，更为重要的是相互协作、和谐共处。

一　权利意味着平等

回顾历史，权利观念经历了"渐进漫长的演变"⑤。在阶级社会中，人们并非没有权利，是人生来的身份差别决定了权利的享有与否。与此相

① Roscoe Pound："What is Law？"West Virginia law Quarterly and the Bar，1940，Volume XLVII，p. 5.

② ［美］查尔斯·比尔德：《共和对话录》，杨日旭译，东方出版社 2008 年版，第 106 页。

③ ［德］霍耐特：《为承认而斗争》，胡继华译，上海人民出版社 2005 年版，第 121 页。

④ ［美］格伦顿：《权利话语：穷途陌路的政治言辞》，周威译，北京大学出版社 2006 年版，第 14 页。

⑤ 夏勇：《中国民权哲学》，生活·读书·新知三联书店 2004 年版，第 168—170 页。

对应，人的尊严也相应呈现出等级化、相对化的状态。在中国的封建制度中，皇帝拥有至上的尊严和权力，"以剥夺各级官员的人格尊严为自己的统治基础"①；臣民之间则尊卑贵贱有别，当上级官吏面对下级官吏、封建官吏面对"草民"之时，具有绝对的统治威严。封建时代的欧洲，通过层层分封形成世袭等级制度，每一个等级都根据他们的地位——是王族、贵族、神父还是农奴——来享有权利，毫无平等可言。② 尽管 11 世纪以来，欧洲出现了存在互惠因素的封建法和庄园法，但是，封建法只能通过"效忠宣誓"关系将双方的互惠体现出来；而在庄园之上，尽管农民可能拥有"持有地"，也可用金钱支付代替劳役等义务，但是地位卑下，居于支配地位的领主能够通过客观的和普遍的法律规范强行推行其意志，夺取农民所拥有的全部东西。③ 当资产阶级革命的号角吹响，摆脱封建桎梏、消除不平等的要求被提到革命日程上来。"自从资产阶级在反对封建制度的斗争中并在发展资本主义生产的过程中不得不废除一切等级的即个人的特权，而且起初在私法方面，后来逐渐在公法方面实施了个人在法律上的平等权利以来，平等权利在口头上是被承认了。"④ 中国、印度、伊斯兰世界以及其他非西方国家在近代的改革中，也把自由和平等作为一项基本的宪法原则，并致力将平等原则付诸实践。⑤ 因此，权利斗争的意义就在于将人从身份中解放出来，将人所拥有的权利与其社会地位分离开来，将少数人所享有的自由与权利扩展为每个人都普遍享有的自由与权利；法律体系"被理解为全体社会成员普遍利益的表达，按照它的内在要求，不允许有任何的例外与特权"⑥，由此，人成为具有"平等的、人格独立的社会成员"⑦。个体因而获得了一种象征性的表达手段：每个人都能平等地发出声音，每个人都能平等地提出权利主张；当个人行使权利

---

① 马岭：《国家权力与人的尊严》，《河北法学》2012 年第 1 期，第 22 页。

② ［美］乔尔·范伯格：《自由、权利和社会正义》，王守昌、戴栩译，贵州人民出版社 1998 年版，第 129 页。

③ ［美］伯尔曼：《法律与革命》（第一卷），贺卫方等译，法律出版社 2008 年版，第 294—316 页。

④ ［德］恩格斯：《路易维希·费尔巴哈和德国古典哲学的终结》，［德］马克思、恩格斯《马克思恩格斯全集》（第 21 卷），人民出版社 1965 年版，第 332 页。

⑤ 高鸿钧：《法律成长的精神向度》，《环球法律评论》2003 年冬季号，第 455 页。

⑥ ［德］霍耐特：《为承认而斗争》，胡继华译，上海人民出版社 2005 年版，第 116 页。

⑦ 黄稻：《社会主义法治的权利平等性》，《光明日报》2002 年 11 月 19 日。

时，能够得到他人的尊重、义务的履行，"社会有效性每次都能向他显示出来"①。需要强调的是，权利主张的有效性是在平等的主体关系间得以实现的。如果说义务是尊重他人权利的义务，那么权利也是在尊重他人、遵循法律秩序的前提下方才得以主张的。没有无节制的权利，行使权利的平等要求为权利人设定了先行的义务负担。

二　权利蕴含着尊严

"对于社会个体成员，没有个体权利而又要生存，就意味着根本没有机会发展自尊。"② 权利，从本质上说，是表征主体间相互承认和相互尊重的概念，权利要求的不断扩大、权利范围的不断拓展，是对人之为人的目的性存在所达成的社会共识不断深化的过程。权利斗争和发展的历史，就是为了提升人之为人的尊严而斗争和发展的历史。如前所述，在欧洲中世纪，农奴通过阶级斗争将"农奴制变成了一种属于权利和义务的问题"，"由此他变成了人"。③ 可见，即使在封建社会，权利也从本质上表征着人们之间的相互承认关系，权利的根本属性就在于其规定性所属范围内对人之为人的资格和尊严给予承认，尽管在当时仍然要以个人的社会地位为依据。

从近代社会以来，人获得了普遍意义上的平等地位，满足人之为人的基本要求不再有任何差别待遇，而是通过法律权利的规定让每一个社会成员都普遍拥有。每个人都能凭借权利制度的规定，以他人法定义务的履行来保障自身权利的实现，因而个体获得了普遍意义上的尊重。人尊严的实现不再依靠个人的社会地位或是其取得的现实成就以及社会贡献——这些因素转而在"社会重视"的意义上发挥作用，体现的是一个人对他人、对社会的重要程度，"社会重视是在可能以社会现实关系的标准来衡量个体的范围内强调他的'价值'"④，所处理的是对个体成就的承认。自此，"尊重"与"重视"不再被混为一谈。每个人都从手中的财富、掌握的权力、具有的权威中剥离出来，被还原成抽象的人的个

① ［德］霍耐特：《为承认而斗争》，胡继华译，上海人民出版社2005年版，第126页。

② 同上书，第125页。

③ ［美］伯尔曼：《法律与革命》（第一卷），贺卫方等译，法律出版社2008年版，第323页。

④ ［德］霍耐特：《为承认而斗争》，胡继华译，上海人民出版社2005年版，第118页。

体，在权利对待上没有任何的差异，获得平等的尊重，作为平等的同类获得了相互的承认。

从反面来说，如果权利不能获得有效的主张，那么个人要求的满足将完全依赖幸运转盘的指针，人的尊严也只能沦为他人偶然的赏赐而已。"没有要求权的社会，不管怎样充满着善行和忠于职守的精神，都将遭受严重的道德沦丧之害，因为人们将不再指望别人会根据功过和要求的正当性来体面地对待他们……一旦人们以微不足道的体面态度对待他们的时候，他们就会认为自己是非常幸运的，而不认为自己本来就应受此对待……这种对个人自尊和个性发展的伤害将是难以估计的。"① 进一步而言，当权利被侵害时，个人为了维护权利而奔走呼号，原因并不是单纯的物质利益损失，重要的是"心灵之声"告诫他自己，他的尊严没有得到尊重，这种痛苦远远超过了财物上的损失。② 正如有人为了一块钱的不公正，情愿花上数倍的金钱而只为讨个说法。这绝不仅仅是为了获得赔偿，而是要捍卫作为人应当受到的公平对待的尊严。

综上所述，尊重一个人，"可能仅仅是尊重他们的权利"，"有权利，我们就能'活得像人（stand up like men）'"③。

三　权利意在合作而不是竞争

马汉宝教授在论及西方世界 20 世纪初开展的社会责任意识的塑造时，提醒我们，此种强调社会义务的观念，乃是个人主义充分发展之后而生，中国未曾有此经历，因而，中国一向重视义务之观念，不能认为与前述新起之社会意识不谋而合。④ 但有一个问题需要注意，在新的历史时期，强调个人的义务乃至社会责任，并不妨碍个人独立性的发展，同样也不是对权利本位的否定。西方权利走向绝对化的倾向给了我们最好的警示：一味强调权利的主动性、攻击性，并不是社会发展的未来出路。

从权利历史的发展来看，权利是人与人之间达成的共识与合作，是社

---

① ［美］乔尔·范伯格：《自由、权利和社会正义》，王守昌、戴栩译，贵州人民出版社 1998 年版，第 82—83 页。

② ［德］鲁道夫·冯·耶林：《为权利而斗争》，胡宝海译，中国法制出版社 2004 年版，第 20—21 页。

③ Joel Feinberg, "The Nature and Value of Rights", 4 Journal of Value Inquiry, 1970, p. 252.

④ 马汉宝：《法律思想与社会变迁》，清华大学出版社 2008 年版，第 49 页。

会中形成的自然秩序。每个人都在社会交往中践行权利的观念，在实践法律制度的过程中表达出对他人权利的认同，因而实现的是自觉自愿的作为与不作为。法律责任和惩罚并非法律实施的最终目的，也不是权利制度实施的最终目的。从本质而言，权利制度的安排是一种自我强制的力量，在特定的法律关系出现时，每个人都应履行自己的作为与不作为的义务，通过有效地合作来保障权利的实现，来保障正常的社会秩序。正如美国、加拿大等国在路口设置的停止指示牌（stop sign）——红色的八角形中间有白色的"STOP"字样，指示机动车驾驶员必须完全停车后才能够在确认安全后通过路口。在路口的各个方向如果都设置该指示牌，则每位驾驶员均需按照到达与指示牌平行的停车线前的先后顺序依次通行；还有一种情况，在主路与辅路的交会处，主路上没有设置该标识，而由辅路行驶至主路的路口设置该标识，也就是说，由辅路驶出的机动车驾驶员必须停车让行主路，即使主路车辆是转弯、辅路车辆是直行，也必须实现辅路让主路的秩序——尽管此时辅路驾驶员可能要等待许久。可见，每个权利人的权利实现都依赖于其自身与他人义务的履行。快速的权利义务角色的转换，无论有哪一个人不遵守法律规定的行为标准，也不必指望自己的权利能够顺利实现。因此，一项权利——更准确地说，是一项权利要求或者说利益诉求，在写入法律之前，是不同主体之间开展的利益争夺；一旦法律确认了某一项权利制度，此时，权利已然融为秩序要求的一部分，遵守该项法律制度、维护由此确定的社会秩序取代了利益争夺成为权利实践的主旋律。"正当行为规则的作用只在于下述两个方面：一是有助于防阻冲突；二是有助于人们通过消除某些不确定性的根源来促进合作。"[①] 唯有如此，我们才能"从利益这一层次的动机出发，经由人格的道德自我保存的认识，最终达到为实现有利于社会的法理念每个人都要同心协力的认识"[②]。正是在此意义上，可以将权利制度视为"通过法律的社会控制"，除非该项制度在主体间的商谈结果中因不具正当性而被历史发展所淘汰。

[①]　［美］弗里德利希·冯·哈耶克：《法律、立法与自由》（第二、三卷），邓正来、张守东、李静冰译，中国大百科全书出版社2000年版，第59页。

[②]　［德］鲁道夫·冯·耶林：《为权利而斗争》，胡宝海译，中国法制出版社2004年版，第58页。

第六章

权利性条款实质理性规范化进路

在过去的一段历史时期内，立法者力图将道德要求直接转化为法律规范，但最终导致法律脱离社会发展现实而缺乏可操作性。于是，法律工作者又着手将理想从现实中分离出来，将道德从法律中剥离出来。"当我们被告知要把所有伦理的、社会的和经济的要素都从我们的法学中排除出去的时候，又当我们被告知法律乃是得到宣告的国家意志的时候，我们实际上也就在立法和司法过程中引入了专断立法和专断司法这两种确立规则的方式。更有甚者，'法条主义'坚持'价值'与'事实'相分离的科学标准，也是极其虚伪的，因为这种'方法论'否认任何目的或原则具有普遍有效性的理性知识的可能，把涉及诸如好坏、善恶、正义与不正义等道德的选择及原则视作是对'价值'的荒谬偏爱，而其结果极可能导致对自主且合理的政治实践的可能性抱犬儒主义的态度，进而导致虚无主义和庸俗市侩之风盛行。"① 实际上，"法"与"德"并不是孤立的双方，真正的问题是怎样将平等、尊严与社会正义的要求融入法律制度的设计中，落实在人民群众的实际生活中。在中国特色社会主义法律体系建成之后，张文显教授提出，在新的法治发展时期，公共治理模式应由"以法而治"过渡到"良法善治"。② 这一转变体现在人权问题上，应当实现"善待社会"，注重公正合理地调整利益关系，这将成为构建和谐社会的基石性问题。③ 可见，在决定利益如何分配时，权利本位论者不再只是注

---

① 邓正来：《中国法学向何处去——建构"中国法律理想图景"》（第 2 版），商务印书馆 2011 年版，第 80 页。

② 张文显：《和谐精神的导入与中国法治的转型——从以法而治到良法善治》，《吉林大学社会科学学报》2010 年第 3 期，第 5 页。

③ 张文显：《民生呼唤良法善治——法治视野内的民生》，《中国党政干部论坛》2010 年第 9 期，第 12 页。

重法律的已有规定，而是察觉到应当探寻合理性的根据。但从前文的论证看来，似乎又陷入了某种理想化的状态："善待社会并不是杀富济贫，也不是均贫富，而是在公平正义观念与和谐精神的指导下，实现各个阶层、群体、集团利益的最大化……让各个集团、各个阶层各尽其能、各得其所又和谐相处。"① 这一判断是否有效起码有赖于下述两个命题的成立与否：第一，公正合理地利益分配的原则，② 在宏观上自上而下的指导作用毋庸置疑，但是，如何落实在自下而上的实践关系中却并非直接套用即可。如何在立法中、在制度构建时实实在在地解决现实问题，在实践中获得社会关系主体的承认与采纳，还需要一个转换的步骤，需要立法者将抽象的原则转化为具体的行为指导。社会主义法治实践的历史经验证明，往往是这一中间过程出现了问题，才导致立法设想的落空或者大打折扣。第二，在不损害任何阶层、群体或是集团利益的情况下，如何实现各个阶层、群体或是集团利益的最大化？唯一的希望就在于经济发展的蛋糕越做越大，这样，身处其中的各个阶层都有望从中多分得一块。即便放下经济发展的波动问题不谈，如何在经济总量不断扩大的情况下保证所有人的利益最大化也是需要审慎思量的。在财政收入确定的前提下，提高对任何一个阶层、群体或是集团的福利投入就必然以牺牲其他阶层、群体或是集团的福利投入为代价。由谁来决定各个阶层的利益最大化才是公平合理的？是立法者，还是立法所牵涉的各个阶层？任何一个阶层会忍痛割爱来满足其他阶层的最大化利益需要吗？要知道，人的欲望是无止境的。对一己私利的追求，往往导致对理想或价值、神祇或恶魔都淡然于心。③ 尤其是，机会本

---

① 张文显：《和谐精神的导入与中国法治的转型——从以法而治到良法善治》，《吉林大学社会科学学报》2010 年第 3 期，第 10 页。

② 张文显教授指出，为了公正合理地调整利益关系，必须坚持五个原则：第一，平等关怀与尊重原则；第二，增量改革原则；第三，公平的机会均等原则；第四，统筹兼顾原则；第五，政府中立原则。

③ 施特劳斯在评价韦德的绝对命令时谈到，绝对命令的表述是："追随你心中的守护神"。这实际上意味着："追随你的守护神，不管他是善是恶"。这是由于在人们进行选择的不同的价值之间，存在着无法解决的致命冲突。一个人看来是在追随着上帝的，另一个人却有着同样的权利把他看作是在追随恶魔。因此绝对命令就得作如下的表述："按照你的意愿去追随上帝或恶魔，但是不管你作出何种抉择，都要付出你全部的身心和力量。"真正卑下不堪的是，追随自己的欲望、激情或一己私利，对理想或价值、神祇或恶魔却都淡然于心。［美］施特劳斯：《自然权利与历史》，彭刚译，生活·读书·新知三联书店 2003 年版，第 47 页。

已不均等的弱势群体在立法中如何表达意见，他们的权利主张最终是否能在其他群体中引起同情、共鸣或者承认呢？因而，以利益为关注焦点的权利本位论本身无法为公平正义的实现提供进一步的发展动力。权利研究和权利立法应当从利益分配中跳出来，聚焦理性，注重人性解读，关注社会关系的秩序协调，进而实现社会的公平正义。这些正是此前的权利研究中所匮乏的。

鉴于利益最终是无法为权利提供质的规定性的，德沃金权利理论的三个预设条件为我们提供了另一种研究进路："（1）一个符合规则的社会具有政治道德的某些观念，也就是说，它承认对于政府行为的道德限制；（2）该社会对于政治道德的特定观点——以及源于这种观点的法律判断——是'理性的'，即对于相同的情况给予相同的处理，而且不允许矛盾的判断；（3）该社会相信它的所有成员生而平等，他们有权利受到平等的关系和尊重"①。其中，前两点旨在说明权利理论应受到理性的道德观念的限制，但德沃金却并未点明这种法律所应依据的理性源自何处，为何权利制度会需要这种理性来满足自身的存在价值。在第三点中，德沃金表达了自然权利的观念，给出的是人们为何能够在权利制度中得到平等与尊重的基础，但是，在权利制度的构建中应当如何将平等和尊重贯彻进来呢？权利性条款的实质理性规范化，就必须对这两个问题——权利制度合法性的来源、如何实现人与人的相互尊重作出解答。具体到我国权利立法实践，还有一个独具本土特色的问题需要解决——如何在权利立法中实现具体的行为指引。

第一节　由概念中心主义转向实践合法性探求

现有权利研究聚焦于权利概念的要素分析，因而权利性条款也大多表现为某项权利是什么或是归谁所有的观念宣示，导致权利立法过于抽象化、理论化，学术理性满满，实践理性方面却是缺乏说服力，无法获得法律受众的自觉支持。

---

① ［美］德沃金：《认真对待权利》，信春鹰、吴玉章译，中国大百科全书出版社1998年版，"中文版序言"第16页。

一　法律要在实践中获得发展

反思"中国式过马路"现象，既然交通规则已然被人们所弃用，那么作出改变的就应当是那些不合时宜的法律制度，立法者应当按照实践要求改革权利义务的配置体系。众所周知，法律并非一成不变的。社会发展引导和促进法律的发展，法律发展的根本动力就在于内部需求的增长、进化和发展；[①] 同时，法律发展也会受到国际化的影响。但是，无论是法律继承、法律移植还是法律改革，都离不开这样一个前提条件：在一个社会可以容纳的范围内来决定适用何种法律规则。社会的这种接纳（承受）能力，"是在一个给定的规则系统内部展开的，而且也是根据特定规则在促进型构某种特定的行动秩序的过程中与所有其他为人们所承认的规则是否一致或是否相容"来加以判断的，正是这种制度"内在的批判"决定着法律规则之间的一致性或相容性。[②] 接下来的问题是，社会容纳的范围和开展"内在的批判"的基础是什么？是经验，是那种反复被适用经历实践检验而产生的经验，是那种"在我们的法律中记录着为理性所发展的经验和被经验所考验过的理性"[③]。归根结底，正是人民群众的实践最终推动着法律不断向前发展。

然而，有学者在论及法律权威时，抛弃了实践理性的要求，认为定纷止争的法制权威是"理所当然的、不证自明的"，"只要规定清楚了并严格执行之，就可以达到社会的预期目标"[④]。然而事实上，立法者创造出的任何一项法律制度，包括一项权利性条款，如果不顾实践理性的要求，则只可能成为纸上谈兵的逻辑"杰作"。这种"对利益的任意调整，是不能长久维持的"[⑤]，"立法本身无法自证成为改变人们行为的独立的'有效率的'原因"[⑥]。一项立法在实践中如未能得到民众青睐，

[①] 张文显主编：《法理学》（第 3 版），高等教育出版社 2007 年版，第 206 页。

[②] ［美］弗里德利希·冯·哈耶克：《法律、立法与自由》（第二、三卷），邓正来、张守东、李静冰译，中国大百科全书出版社 2000 年版，第 33 页。

[③] ［美］庞德：《通过法律的社会控制》，沈宗灵译，商务印书馆 2008 年版，第 24—25 页。

[④] 季卫东：《论法制的权威》，《中国法学》2013 年第 1 期，第 25 页。

[⑤] ［美］庞德：《通过法律的社会控制》，沈宗灵译，商务印书馆 2008 年版，第 38 页。

[⑥] ［美］安·赛德曼、罗伯特·鲍勃·赛德曼、那林·阿比斯卡：《立法学：理论与实践》，刘国福等译，中国经济出版社 2008 年版，第 15 页。

反而被实践检验为低效率的，尤其是当人们自认为正当的个人权利要求被法律制度的非理性所淹没时，人们只会感到无法理解、无助与无奈。倘若此时再以强力推行，个体的不满极易引发群体性的不满和冲突。① 因此，"法律的生命不在于逻辑，而在于经验"②，立法者不是创造出法律规则即完成了任务，而是需要从实践中获取并验证立法的正当性来源，让法律真正成为人们实践选择的理性安排。"正当行为规则并不是由意志或利益决定的，……而是在一个漫长的进化过程中逐渐发展起来的，其间，人们持之一贯地在每一个人所继受下来的规则系统当中实施着一致性的检测标准。立法者只能根据这样一个检测系统开展工作。"③ 正是在这一意义上而言，立法者的权威来自于人们推定他们有能力"发现"正义，而不是源自人们推定他们有能力"创造"正义。④ 由"中国式过马路"现象来看，实际上形成了两套规则系统，一套是立法者强力推行却并无功用的法律规则，另一套则是人们自创并遵循的实践规则系统。两相对比之下，"正是人们在一个特定的社会里所实际遵循的整个规则符合系统，决定着实施哪一项特定的规则是合理的或决定着哪项规则是应当得到实施的"⑤。决定规则能否得以实施的是其合法性来源。任何法律权利的效力全赖公众的认同和支持，最终取决于可靠的和扎实的实践基础。⑥ 因此，实践作为检验法律制度合法性的最终标准，必须"持续不断地关注各种规制策略的实际优点和缺点，包括其可能的负面

---

① 整个社会中，"上"对"下"不满，指责人们素质低；"下"对"上"也不满，不是我们的错，是你法律不够符合生活实际，为什么要我们单方为此承担责任？执法者也不能置身事外，正如交警执法者屡屡与违章行人之间爆发冲突，成为个别人戏弄的对象甚至是出气筒。参见涂筱明、邓旭敏《男子闯红灯受罚出"雷语"：100 元不用找我闯 10 次》，2013 年 5 月 14 日，中国新闻网（www. chinanews. com/sh/2013/05 – 14/4814756. shtml）；《浙处罚 8000 多起"中国式过马路"——小部分行人表示不服甚至打骂交警》，《京华时报》2013 年 3 月 22 日第 A21 版。

② Oliver Wendell Holmes, *The Common Law*, New Brunswick, New Jersey: Transaction Publishers, 2005, p. 5.

③ ［美］弗里德利希·冯·哈耶克：《法律、立法与自由》（第二、三卷），邓正来、张守东、李静冰译，中国大百科全书出版社 2000 年版，第 61 页。

④ 同上书，第 63 页。

⑤ 同上书，第 78 页。

⑥ 转引自［美］查尔斯·比尔德《共和对话录》，杨日旭译，东方出版社 2008 年版，第 112 页。

效应"①。如果法律规则不能满足现实的实践需要,最终只能被历史所
淘汰。

二 权威在新的发展阶段的新任务

"在传统社会里,人们多少是由于习惯或信仰遵守规则。""对身份和
权威的尊重是传统社会的核心。"人们对社会规范深信不疑、完全服从。
而"在现代世界,在多元化的社会理念冲突之中,在后现代主义②的怀疑
论视野之下,权威正面临着合法性的挑战。在过去的几十年中,社会科学
知识的应用所面临的背景和情形的变化,已经粉碎了关于理论和实践之间
存在联结的假设。准确地说,这种联结的断裂已经将社会科学投入到了沟
通和商谈(或是更一般地说,协调)的深渊之中"③。换言之,包括法律
在内的社会科学并不能以其自身的规定性来完成对社会问题的解构抑或重
构,而是不可避免地要在社会科学与社会之间的双重维度上开展商谈性的
协调,在权威与人民实践的沟通和商谈之中获得社会科学自身的肯定、解
放与发展,也就是所谓的"科学的商谈转向",是对"新的社会趋势——
也就是社会'科学化',而科学'社会化'——的兴起的回应"④。因此,
在新的时代,"权威取决于合法性和信任","权威有一个更艰巨的任务,
它必须实用主义地证明自己是有道理的"。⑤"每一种取舍,无论其如何地
邪恶、卑下或无辜,都会在理性的祭坛前被判决为与任何别的取舍一样合
理。"⑥ 正是在这一意义上,应当说,"理智是法律的生命"⑦。"理智之

---

① [美]桑斯坦:《权利革命之后:重塑规制国》,钟瑞华译,中国人民大学出版社 2008
年版,第 7 页。

② 后现代主义是一种包含了文化相对主义和多元性的反基础主义方法,不存在唯一正确的
观点,而强调异质性、多元性、模糊性、反抗性、不确定性和偶然性。参见[英]德兰逊《社
会科学:超越建构论和实在论》,张茂元译,吉林人民出版社 2005 年版,第 110—111 页。

③ [英]德兰逊:《社会科学:超越建构论和实在论》,张茂元译,吉林人民出版社 2005 年
版,第 161 页。

④ 同上书,第 156—157 页。

⑤ [美]弗里德曼:《法律制度——从社会科学角度来观察》,李琼英、林欣译,中国政法
大学出版社 2004 年版,第 249—250 页。

⑥ [美]施特劳斯:《自然权利与历史》,彭刚译,生活·读书·新知三联书店 2003 年版,
第 44 页。

⑦ 转引自[美]弗里德曼《法律制度——从社会科学角度来观察》,李琼英、林欣译,中
国政法大学出版社 2004 年版,第 239 页。

道"、理性规则成为判别公正合理的法律权利与义务框架的基本要素。①

"人类经验明确告诉我们，就正确的决策而言，来自经验的理性通常会产生更好的效果。"② 只有富有实践理性的制度构建才能赢得人们的服从和拥护，也只有理性的权利性条款才能转化为人们的自觉行动。要相信民众的理性判断能力，"由于具有推理和判断的能力，我们能够理解复杂的有关正当和正义的宗教、哲学、道德、政治的学说，同样也包括善的学说。我们自己就可以认识到由正当与善所表达出来的概念、理念"③。公民自身具有理性的道德伦理学，包括（1）除了具有善恶观的能力外，公民还有能力产生公正与公平观念，并有按照这些观念去行动的愿望；（2）当其相信相关社会制度公正或公平时（根据上述观念），他们愿意按照这些制度尽其本分，只要他们有理由确信其他人亦会如此；（3）如果在公正或公平的制度中，其他人也在显而易见地尽其本分，市民会对该制度建立信心或信任；（4）如果这种合作能成功地持续较长一段时间，则此种信任或信心能得以增强或完善；（5）同样，如果用于确保人们根本利益（基本权利与自由）的基本制度越来越受到大众的热忱拥护，情况也是一样的。④ 通过人们实践的反馈检验其合理性。如果制度实施切实能够在实践中为人们带来更高的效率、更为安全的秩序，理性的人们会欣然接受这样的法律制度，并且自觉遵行，规则意识也会因而得以提高。

总之，权威的法律制度所真正需要的，是在人民群众的实践理性的基础上，对现实存在的各种选择进行理智的排序与重组。立法者的责任就在于切实倾听人民对于法律实施的意见和建议，在法治实践中不断发现和反思权利性条款存在的问题和缺陷，在以"满足人民需要"⑤ 为标准的实践中加以验证，唯有如此才能为科学的制度构建提供合法性的坚实基础，以良法善治的方式推动社会发展。

---

① ［印度］阿马蒂亚·森：《正义的理念》，中国人民大学出版社 2012 年版，第 34 页。

② ［美］安·赛德曼、罗伯特·鲍勃·赛德曼、那林·阿比斯卡：《立法学：理论与实践》，刘国福等译，中国经济出版社 2008 年版，第 49 页。

③ John Rawls, *Political Liberalism*, New York：Columbia University Press, 1993, p. 85.

④ Ibid., p. 86.

⑤ Stephanie Ben-Ishai, David R. Percy, *Contracts：Cases and Commentaries* (Eighth Edition), Toronto：Carswell, 2009, p. 14.

三　着眼于现实视角的权利性条款的规范化构建

从"中国式过马路"到随处刻画的"到此一游"，素质问题一次次地撩动着国人的心弦。每当这样的消息传来，社会舆论始终在强调加强素质教育。这一总体方针没有错，但问题出在了如何实施之上。现有素质教育总是集中于先进思想的传播和思想层次的提高，对于如何实现人与人之间行为的协调却关注不足。切实可行的做法是由观念教育转变为行为指引，让每个人按照文明、道德的行为规范行事，一点一滴地将不文明、不道德的行为加以转变，最终达致素质的整体提高。这一思路同样适用于权利性条款现有实质理性缺陷的解决。权利性条款的完善，离不开实实在在地消除权利实现的干扰和障碍，从着重于追求完美的概念图式转向重在消除权利遭受侵害的点点滴滴。现有立法学的学科体系中，几乎没有这方面的内容；法哲学的权利研究恰恰注重的是权利要素的分析，追求的是科学的概念建构。但是，概念构建往往是充满争议的。哈耶克承认，在早年对社会正义概念的研究中，始终都有一种无的放矢的感觉；越是给社会正义下一个明确的定义，它越是捉摸不定无从把握。以至于哈耶克直指社会正义本身是毫无意义的，使用这一概念的人，不是愚昧便是欺骗。[①] 而且，权利概念是在与对立面的比照之下才获得了根本的规定性：首先，权利概念在整体意义上是与权力相对而生的，现代权利概念的产生正是反抗权力侵害而斗争的胜利果实；其次，具体权利概念是在与不当侵害行为的斗争中抽象出来的，如平等权利正是对不平等的社会现象的纠正，经营者和消费者的权利也正是在消除不正当竞争行为的斗争中才得以概括出来的。正如庞德所指出，英国法中，权利发展的历史表明，先有争议和诉讼，才有了义务的执行，法学家们最终看到了义务后面的相关权利。[②] 可以说，没有实践中产生的具体问题，就不会有理论上的权利概念。正因如此，发展权利理论的终极目的不是完美的权利概念构建，而是为权利实现真正起到保驾护航的作用。在实现这一目的的过程中，立法者、法学研究人员并不是孤立的。"我们无法仅仅依靠法学词汇来构建一个硕果累累的法律科学"[③]，

---

① ［美］弗里德利希·冯·哈耶克：《法律、立法与自由》（第二、三卷），邓正来、张守东、李静冰译，中国大百科全书出版社 2000 年版，第 2 页。

② ［美］庞德：《法理学》（第四卷），王保民、王玉译，法律出版社 2007 年版，第 34 页。

③ 同上书，第 35 页。

这就要求我们关注并聆听老百姓的观点与意见。"法律权利必须建立在公众认可的道德性的基础上。"① 对话与沟通是权利理论和权利立法赖以成立的最终根据、可靠性的根源。一旦脱离权利实践，对人民群众在实践中的反映不理不睬，立法者就只会陷入妄自尊大的旋涡。"我们必须探寻那些能够推进公正的制度，而不是将制度本身视为公正的体现，否则我们将陷入某种形式的制度原教旨主义。……我们有必要考察那些制度基础究竟产生了什么样的社会效果。"②

第二节　由利益手段论转向着重相互尊重的制度构建

在权利本位论者看来，权利是法定的利益的获取手段。然而从权利发展的历史来看，这一定性仅仅反映了权利的一个侧面，并未能展现出权利的真正本质。归根结底，法律权利是对人与人之间的相互尊重的行为模式的制度化。相互尊重的法律权利，不能停留在观念层面上，而是需要在法律制度设计中强化权利对权力的约束，同时为权利自身划定合理限定。权利立法的着眼点不应仅仅放在利益的定纷止争上，更重要的是如何实现相互尊重的社会秩序。权利性条款的实质理性规范化需要围绕这一核心来展开。

一　权利是在相互尊重中得以证成的

权利之所以能够成为权利，离不开两项前提条件：第一，权利必须通过某种形式（习惯、道德或者法律等）获得社会成员的认可；第二，权利必须建立在尊重人之为人的平等基础之上。这两项条件不可分割、缺一不可：第一，习惯权利、道德权利、法律权利正是由于社会承认程度（人们对某种权利观念的接受范围和层次）的不同而区别开来。法律权利的形成区别于习惯权利和道德权利的重要方面在于不同群体力量对比这一因素的介入，比如独裁统治的君主利用国家机器的强力对人民权利的否认和压迫。从西方权利发展历史进程来看，黑暗的中世纪未能湮没权利观

---

① Bruce Ziff, Jeremy de Beer, Douglas C. Harris, Margaret E. McCallum, A Property Law Reader: Cases, Questuions, and Commentary (Third Edition), Toronto: Carswell, 2012, p. 5.

② ［印度］阿马蒂亚·森：《正义的理念》，中国人民大学出版社 2012 年版，第 74 页。

念；相反，权利观念正是通过理性的争辩和不懈的斗争方才达成共识，人人平等的法律权利方才确定下来并不断推进。① 在这一点上，中国遵循着同样的历史进路。在我国古代，同样有着深刻的民权、民本意识，农民起义更是将"等贵贱，均贫富"等迫切的权利主张集中反映出来，只是最终未能落实为法律的统一规定。新中国的成立，才真正实现了人们苦苦追求的权利梦。改革开放之后，要解决的最重要的问题之一就是对私有经济、个体经济的承认，对个人收入来源多样化的承认，这些，不仅仅是对哪些人可以享有哪些利益的肯定，更是对其作为社会主义建设者、爱国者的主体地位的肯定。由此看来，整个人类的历史就是一部寻求社会承认、走向社会平等的文明史，利益之争只是其中最为吸引眼球的一个侧面而已。第二，如果对于权利主张的社会承认并非出于平等的关怀，即使满足了某些群体的利益，也同样不能成就权利。一方面，不平等来自对弱势群体的故意欺压或是重视不足。如纳粹德国法律中杀害犹太人的权利，即使得到了不少狂热分子的承认，最终也被认定为非法。又如一向以高福利著称的瑞典在 2013 年 5 月爆发了严重骚乱，正是由于社会的不平等引发了民众的强烈不满。② 另一方面，博取同情成为某些权利主张更为高效地实现方式。爱心捐助款甚至远远超出了被救助对象的实际所需，如何处理剩余款项都成了社会问题。然而，救助者与被救助者的不平等地位导致其终究不可能成为权利与义务的关系——是否进行捐助全由救助者自己决定，是否能够得到救助、被谁救助都是被救助者所无法控制的。再从法律权利制度的实施来看，同样离不开人与人的相互尊重。以行人的优先通行权为例，离开驾驶员抑或行人任何一方的配合，该制度实行起来都有难度。立法的最终目的不是为了强制推行统一化的行为管控，而是为了让行人和驾驶员都能自己来创造和享受高效安全和谐的交通秩序。可见，获取利益的手段这一定性并不能让权利本质得到证成。权利不仅关涉利益，更重在促进人与人之间的平等、承认和尊重。诚如加拿大最高法院在 Syndicat Northcrest v Amselem 一案的判决书中所指出的，没有一项权利是绝对的，每个人在行使权利时也必须将其他人的权利考虑在内，相互宽容是社会的

---

① ［美］亨特：《人权的发明：一部历史》，沈占春译，商务印书馆 2011 年版，第 20 页以下。

② 彭玉磊：《外来移民：欧洲的难言之痛》，《广州日报》2013 年 6 月 2 日第 A7 版。

基石之一，"一个极为重视权利的社会总是要求开放和承认其他人的权利"①。

二　相互尊重的权利制度设计要求

改革开放以来，伴随着急剧的社会结构转型，新的社会身份和社会认同群体随之产生。② "作为武器的弱者"在权利主张无法通过正常途径得以实现的情况下，将弱者的身份作为维权的武器，③ 寄希望于以其凄惨境地激起社会同情，进而借助社会压力实现其权利主张。例如，在跳楼讨薪、自焚抗拆等事件中，人的身体和生命仅仅成为利益诉求的工具和"武器"，人之为人的主体性、目的性近乎泯灭。

人的尊严的实现，不能让基于弱势的同情成为权利主张的主要实现方式。难以想象，一个仰仗眼泪的民族如何可以屹立于世界民族之林。人要有尊严地活着，就需要以立法来消除弱者因其弱势地位所遭受的不公平、不对等。重中之重就是要处理好权利的配置问题，实现社会的公平正义——将"社会的和经济的不平等"限定在"社会公众的合法期望"中，使制度安排"适合于每一个人的利益"。④ 这就要在两个维度上为人民提供制度支撑，展现出权利的有效性：

首先，在权利与权力的关系上，制度设计应当充分尊重人民权利，形成权利对权力的有效制约。以人行道的设置为例，权力对权利的挤压可见一斑：有的城市将人行道大力压缩，导致行人出行无路可走；有的地方将其过分压缩，行人出行困难；有的地方干脆将人行道作为摊点进行出售。⑤ 如果权力的行使剥夺了人之为人的基本生活保障，人的尊严何在？因此，制度设计不仅关系到老百姓的生活便利，更直接体现出政府是否真正尊重人民的主体地位。国家权力对于个人权利的尊重，不仅仅在国家与

---

① Syndicat Northcrest v. Amselem, 2004 SCC 47, para 61, 87, [2004] 2 SCR 551.

② 于建嵘：《抗争性政治：中国政治社会学基本问题》，人民出版社 2010 年版，第 4 页。

③ 董海军：《塘镇：乡镇社会的利益博弈与协调》，社会科学文献出版社 2008 年版，第 215 页。

④ ［美］罗尔斯：《正义论》，何怀宏等译，中国社会科学出版社 1988 年版，第 61—85 页。

⑤ 四川省内江市有一条沿江的景观休闲道，市城管局公布了一起竞标公告，要拍卖这个人行道的经营权。参见陈煜儒《城管拍卖人行道经营权涉嫌"与民争利"》，2007 年 4 月 17 日，新华网（http://news. xinhuanet. com/lianzheng/2007 – 04/17/content_ 5986725. htm）。

个人的关系层面上发挥作用，更影响到个人与个人的相互尊重、关系到个体尊严的有效实现。当今社会中，陌生人不尊重他人、不懂得尊重他人的一个重要原因就在于权利实现的物质基础未能得到权力的有效保障。以跌倒老人扶与不扶的争议为例，一方面，讹人的老人已然将利益视为个人权利的全部内容和最终归宿，对利益的追求已经将相互尊重的主体意识挤压殆尽；另一方面，应当承认，社会医疗保障体系的不完善确实让百姓为个人医疗支出忧心忡忡，导致有些老人自然不肯放过为自己负担医疗费用的"替罪羊"了。在个人利益的争夺之下，社会冷漠得以逐渐滋生蔓延。与此相反，如果国家能够提供完善的医疗保障体系，相信就不会有跌倒在地还要动上讹人歪脑筋的老人；如果国家能够建立起有效的见义勇为保障制度，构建起科学的救助体系，专业培训广泛的急救志愿者，相信会有更多的人愿意关心他人、懂得救助他人。如果国家能够为人民幸福多负担一点，那么，世态炎凉的惨剧就会减少一点：少一点老无所依的苦楚；少一点因病致贫、因病返贫的无奈；少一点为活命进监狱的酸楚，[①] 少一点"不想让女儿在世间受罪"的绝望![②] 总之，社会保障体系、医疗保障体系、养老制度等不仅关乎个人权利的实现，更是直接影响到社会中的人情冷暖。离开权力保障的物质支持，权利只能成为空中楼阁；相反，权利制度如能得到国家权力的有效保障，则势必有助于促进人与人之间的相互尊重、相互关心。

其次，在社会主体之间的维度上，权利立法的完善应当从以下两个方面着手：一是在法律关系中正视利益的角色，不能让利益凌驾于人们的相互尊重和相互信任之上。例如，《律师法》第 38 条规定的律师对当事人的保密义务，并非基于律师收费所产生的合同义务，而是基于当事人对律师的充分信任。然而，现有权利性条款中存在着以利益高于信任作为立法

---

① 欧·亨利在《警察与赞美诗》中描述的为过冬而故意犯罪进监狱的故事并非只是虚构，身患严重再生障碍性贫血的犯罪嫌疑人在无力承受医疗费用的情况下故意抢劫，为的就是在监狱里享受免费医疗，以保住性命。参见徐光木《武汉晚报：中国版〈警察与赞美诗〉让人心酸》，人民网（http://opinion.people.com.cn/GB/8419541.html）。试问：进监狱是否也是一项权利？如果只是将权利定义为利益之争，这一问题恐怕还真的有待讨论。这里笔者想说的是，这类问题的产生折射出社会保障的不足，这类悲剧产生的根源正在于社会保障未能满足个人生存的基本需要。

② 参见任俊兵《那天清晨，她掐死了两岁女儿》，《山西晚报》2013 年 7 月 10 日第A11 版。

标准的情形。如《合同法》第 374 条①保管合同的规定中,保管人因保管不善造成保管物毁损、灭失时所应承担的损害赔偿责任,由于保管的有偿或是无偿而截然不同:如果保管是有偿的,保管人应当承担损害赔偿责任;但如果保管是无偿的,保管人证明自己没有重大过失的,不承担损害赔偿责任。同样的问题在加拿大的司法实践中得到了全然相反的处理:保管责任规定于物权法而非合同法之中;保管无论付费与否,只要保管物被转移占有,保管人就负有与所有人一样的审慎保管义务。只要保管人尽到了合理注意义务,则不再承担赔偿责任。② 不言而喻,保管关系之所以得以产生的基础在于托管人对于保管人的信任。无论是亲朋好友,还是火车上邻座的乘客,托管人对于保管人的信任考虑远远重于收费与否。立法者人为地将金钱置于信任关系之上,无异于推动人们更为相信自己手中的金钱,却不再在意人与人之间的信任。权利性条款的完善应当极力纠正此种错误引导。二是在立法中应当实现权利配置的平衡。立法对于任何一方利益的过分强调,如果没有以社会正义作为基础,都将造成新的社会不公。例如,在"跌倒老人扶还是不扶"的争论中,让人们在准备施救的最后时刻"悬崖勒马"的,正是权利配置的失衡:被扶助者在诉讼中占尽优势,好心人却难以举证,毫无反击之力,以怨报德让人们如何接受? 又如,盗窃案件时有发生,人们却担心即使抓到小偷也可能面对无力举证的尴尬境地,不少人因此忍气吞声。如果连财产权的维护都无法实现,反过来却要忍受小偷的欺侮,何谈人的尊严? 同样的问题在加拿大已经被改变:③ 过去抓捕小偷必须人赃俱获。"大部分加拿大人相信,法例过分保障犯罪者的权利,已失去适当的平衡。"④ 为此,加拿大国会在 2012 年 6 月通过《刑法》修正案——《公民拘捕及自卫法》(The Citizen's Arrest and Self-Defence Act),扩大了公民的拘捕权,任何人只要有合理的理由认为其财产可能被侵入、偷

---

① 该条规定,"保管期间,因保管人保管不善造成保管物毁损、灭失的,保管人应当承担损害赔偿责任,但若保管是无偿的,保管人证明自己没有重大过失的,不承担损害赔偿责任"。

② Letourneau v. Otto Mobiles Edmonton (1984) Ltd., 2002 ABQB 609, 29 BLR (3rd) 224.

③ 加拿大最高法院在 R v. Glague 一案的审理意见中写道:"加拿大在很多领域是世界领袖,特别是在进步的社会政策和人权方面。"See R v. Gladue, [1999] 1 SCR 688 at para 52, 133 CCC (3d) 385.

④ 《华商捉贼被控引发修法　加拿大总理看望陈旺》,2011 年 2 月 19 日,中国新闻网(http://www.chinanews.com/hr/2011/02-19/2854769.shtml)。

走或者破坏，就可以抓捕嫌疑人；并且，抓捕时间不再局限于案发当时，而是延长至案发后的合理期间。① 再如，我国在民间纠纷引起的打架斗殴的行为的处理上，《治安管理处罚法》第 9 条规定："情节较轻的，公安机关可以调解处理"。该法释义对于如何调解处理做了如下解释："公安机关调解处理违反治安管理行为，主要是就违反治安管理行为所造成的被侵害人的人身、财产等权利损害应当如何赔偿等问题，在双方当事人之间进行斡旋。如造成他人身体伤害的，医药费、误工损失、营养费等如何赔偿和支付……"② 实践中，派出所在处理此类案件时也是更为重视受伤一方的利益维护。③ 让人困惑的是，调解处理打架斗殴的赔偿问题是否只看伤害的结果？实际上，在上述案件中，当事人受到侵犯的是双重利益：一是身体不受伤害，二是"合理的尊严"不受伤害。④ "瓦科特诉科尔德案"（Wackett v. Calder）⑤ 能够为我们带来更多启示。在该案中，瓦科特对科尔德在酒吧内出言不逊，挑拨其到所处酒店的酒吧之外斗殴，并首先发动攻击，但未对科尔德造成任何伤害，反而被科尔德的反击打倒在地。当瓦科特从地上爬起来再次发动攻击时，被科尔德打断了脸部右颊骨。一审法官认定科尔德应为伤害他人的行为负责赔偿。在上诉审中，Maclean 法官也认为，科尔德"可以并且应当以回到酒店来结束这场不愉快，并且将瓦科特留给警察来处理"。但是，不列颠哥伦比亚省上诉法院的多数法官认定，科尔德有权"以暴制暴"（reject force with force）；既然其第一次反击没能阻止攻击的再次发生，科尔德不应承担准确衡量并控制反击力量（相当于瓦科特的攻击力量）的法律义务。易言之，科尔德的回击行为尽管造成了人身伤害，但

---

① Legislative Summary of Bill C-26: The Citizen's Arrest and Self-defence Act, http://www. parl. gc. ca/About/Parliament/LegislativeSummaries/bills_ ls. asp? Language = E&ls = c26&Parl = 41&Ses = 1&source = library_ prb#a11（accessed 10 June 2012）.

② 《中华人民共和国治安管理处罚法释义》，北大法律信息网（http://vip. chinalawinfo. com/newlaw2002/SLC/SLC_ SiyItem. asp? Db = SyItem&Gid = 838864927）。此外，我国《公安机关执行〈中华人民共和国治安管理处罚法〉有关问题的解释（二）》第 1 条规定，"为了免受正在进行的违反治安管理行为的侵害而采取的制止违法侵害行为，不属于违反治安管理行为"。遗憾的是，本条款只是排除了正当防卫主体的治安处罚责任，却并未说明民事责任的划分。

③ 参见临渭分局《基层民警如何调解治安案件》，临渭网上公安网（lw. wngaj. gov. cn/zjjy/jlyd/47930. htm）。

④ See Bettel v. Yim, ［1978］88 D. L. R.（3d）543, 5 . CCLT 66（Ont. Co. Ct）.

⑤ Wackett v. Calder, ［1965］51 D. L. R.（2d）598, 1965 CarswellBC 196（BCCA）.

其并不需要承担赔偿责任。本案所带来的有益经验是：如果在法治实践中，不问缘由，只是一味强调将斗殴中的伤害结果作为赔偿依据，或是对好人的自卫程度施加过分要求，都无异于剥夺了好人的正当防卫的权利，不仅无力应对伤害，反而要面临赔偿坏人损失的风险。这样，好人就只能在坏人面前瑟瑟发抖、尊严难保，而坏人则可以为所欲为、无所忌惮。因此，受伤害程度并不能成为斗殴案件中唯一的责任认定标准，应当重视案件起因，保障好人合法权利。国家除了提高破案率、打击犯罪之外，更应当在法律制度设计中平衡权利配置，消除人们保护自身利益、他人利益、社会公益的后顾之忧。如果依然延续管理思路，国家权力大包大揽、无所不管，那么，任何管理的失误或者失灵问题，都会被人们认定为国家的责任，社会问题将直接转变为公民与国家的矛盾与对立。因此，还权于民不仅仅是一句口号，更需要科学化、人性化的制度设计，引导公民积极参与到社会管理中来。正如哈耶克所言，"如果我们希望每个人都过得好，最接近这一目标的方式，不是利用法律规定命令人们应当实现这个目标，或赋予每个人一项权利要求去获得我们认为他应当享有的东西，而毋宁是向所有的人提供激励促使他们尽可能地去做有益于其他人的事情。"①

三　权利限定的细化

如前所述，权利意味着平等，意味着权利主体对他人的承认和尊重以及对整个社会的责任。即使认定权利为义务提供依据，权利自身也受到义务的限定。正如德国基本法第 1 条所言："人性尊严"，并非在个人主义意义下之恣意的、不受社会连带拘束的个人；而是在尊重其本身固有价值的同时，着重其对社会的责任。② 同样，加拿大立国的显著价值便是学会在一个多元文化社会中与他人和睦相处，③ 尊重他人的意见、权利和自由。④ 相

---

① 国内已有中文版，但在翻译细节上笔者略有不同意见，这里使用的是笔者的翻译版本。See F. A. Hayek, *Law*, *Legislation and Liberty*, *Vol. 2*: *The Mirage of Social Justice*, London: Routledge and Kegan Paul Ltd, 1976, p. 106.

② 蔡维音：《德国基本法第一条"人性尊严"规定之探讨》，《宪政时代》1992 年第 1 期，第 36—48 页。

③ Government of Canada, Multicultural Society, http://www.cic.gc.ca/english/newcomers/before-multicultural. asp（accessed 10 June 2012）.

④ Government of Canada, Human Rights, http://www.cic.gc.ca/english/newcomers/before-rights. asp（accessed 10 June 2012）.

互尊重的权利制度设计并非只是平等观念的宣示，更应当在具体制度设计时加以贯彻，为权利行使划定具体界限；任何法律权利的制度设计都蕴含着社会秩序的协调要求。

（一）权利限定的法律规定应由一般转向具体

权利本位论者认为，"权利主体在行使其权利时，只受法律所规定的限制"①。在立法中，这一限制表现为"不得损害国家的、社会的、集体的利益和其他公民的合法的自由和权利"的抽象表达，却并未在具体法律关系中体现出来。康德指出，"以每个人自己的自由与每个别人的自由之协调一致为条件而限制每个人的自由"②。也就是说，必须用法律来划定每个人权利的边界。③ 即使是将权利描绘成王牌的德沃金，仍主张权利应当受到具体的限制："政府可以其他理由来证明推翻或限制权利是正当的……最重要的至少是被充分理解的原因是，如果我们所讨论的权利不受限制，竞争性权利（competing rights）概念将会被受到危害"，例如表达自由会受到免受诽谤的权利的限制。④ 毋庸置疑，权利本身是有具体边界的。"每一项权利有特定的边界和内在的限制"，立法正是要表明"权利所依存的条件"，也就是权利"得以实施的各种实际情境"。⑤ 权利规则的作用在于确立人们获得权利的条件，明确"在什么样的条件下，某一行动属于被许可的行动"，"使每个人都能够从他所确认的事实中推知他本人确受保护的领域的边界"。⑥

在欧洲，《欧洲保障人权和基本自由公约》（*The European Convention for the Protection of Human Rights and Fundamental Freedoms*）第 2 条、第 8

---

① 张文显：《从义务本位到权利本位是法的发展规律》，《社会科学战线》1990 年第 3 期，第 135 页。

② ［德］康德：《历史理性批判文集》，何兆武译，商务印书馆 1991 年版，第 181 页。

③ 李梅：《权利与正义——康德政治哲学研究》，社会科学文献出版社 2007 年版，第 143 页。

④ Ronald Dworkin, *Taking Rights Seriously*, Cambridge: Harvard University Press, 1977, p. 193.

⑤ Guy Regimbald, Dwight Newman, *The Law of the Canadian Constitution* (Student ed.), Markham: Lexis Nexis Canada, 2013, pp. 520 – 521.

⑥ ［美］弗里德利希·冯·哈耶克：《法律、立法与自由》（第二、三卷），邓正来、张守东、李静冰译，中国大百科全书出版社 2000 年版，第 58 页。

条至第 11 条，都对权利限制作出了明文规定。① 欧洲人权法院审理的案件，有一个共同的特点：权力对权利的任何干预都必须是依据法律（in accordance with the law）或是根据法律（prescribed by law）而作出的。在 The Sunday Times v. The United Kingdom 一案的判决中，欧洲人权法院认定根据法律对权利边界的划定有两项具体的要求，"第一，法律必须是可以充分可获得的（adequately accessible）：公民必须能够获得充分的指示，指示法律规则是如何适用于某一具体案件的具体情况的"；"第二，一项规定不能被认定为法律规则，除非其中对公民如何控制自己行为作出了充分的精确的指示：公民必须能够——如果需要适当的建议时——合理预见某一行为在某种情况下所能够产生的后果"。② 在之后的案件审理中，欧洲人权法院更是认定权利限制关乎法律质量，要求其必须与法治相适应。③ 再来看普通法体系，一方面，立法机关有权为公民个人权利划定合理界限。例如，加拿大最高法院在 B.（R.）v. Children's Aid Society of Metropolitan Toronto 一案中指出，权利应当受到公共利益的限制，国家有权对公民权利施加"合理限制"；④ 在 R v. Edwards Books and Art Ltd. 一案中，加拿大最高法院进一步指出，对公民权利的"合理限制"应由立法机关确立：在需要划定精确界限的领域，法院是不会要求以其审理意见来替代立法者的决定的。⑤ 另一方面，法院有权在具体案件的审理中认定前述权利限定的法律规定是否合法有效。例如，加拿大最高法院在审理 R. v. Downey⑥ 一案时，认定当时的《刑法》第 195 条——"有证据证明一个人与卖淫女共同生活或是习惯性陪伴生活……如果没有相反证明，则认定该人是利用卖淫女为生"——违反了《1982 年宪法》第 11（d）条有关无罪推定的规定，⑦ 在认定以卖淫女为生的罪行中采取了有罪推定的

① Ralph Beddard, *Human Rights and Europe*, Cambrige：Grotius Publications Ltd, 1993, pp. 180 – 181.

② The Sunday Times v The United Kingdom, (1980) 2 EHRR 245, at para 49, ［1979］ECHR 1.

③ Ralph Beddard, *Human Rights and Europe*, Cambrige：Grotius Publications Ltd, 1993, p. 181.

④ B.（R.）v. Children's Aid Society, ［1995］1 SCR 315 at 318, 122 DLR (4th) 1.

⑤ R. v. Edwards Books & Art Ltd. , ［1986］2 SCR 713, 30 CCC (3d) 385.

⑥ R. v. Downey, ［1992］2 SCR 10, 13 CR (4th) 129.

⑦ 该条规定任何人都享有无罪推定的权利：任何人在被独立的、毫无偏袒的法庭通过公平的、公开的审判，根据法律证明其有罪之前，都有被推定为无罪的权利。

逻辑。但是，《刑法》第 195 条却并没有因此被判定为违宪，而是被《1982 年宪法》第 1 条所挽救。《1982 年宪法》第 1 条规定："《加拿大权利与自由宪章》确保其中所规定的权利与自由，只受到在自由民主社会中能够被确凿证明为正当的、并且由法律加以规定的合理限制（reasonable limit）"。加拿大最高法院运用"比例审查（Proportionality Test）"原则，① 确认《刑法》第 212（3）条的规定合法，从而以个案判决的方式确认了立法对个人权利的合理限制。

　　权利规定不仅需要明确的边界和限制，而且权利的行使需要以权利人某种或某些义务的履行作为前提条件。以行人的优先通行权为例，如果行人直接冲上人行横道，机动车驾驶员很难立刻作出反应；即使其反应及时，刹车距离恐已不足。可见，如果对行人的权利行使不加限制，无疑会对驾驶员设定不切实际的注意义务，并且增加交通事故发生的风险。对此，香港《道路交通（交通管制）规例》第 31 条规定，只有当"车辆或其任何部分驶至斑马线或在斑马线上之前，行人已在该斑马线上"时，行人方可行使优先通行权，"但如在斑马线上有一个行人安全岛或中央分道带，则位于行人安全岛或中央分道带每一边的斑马线，须分别视为一条独立的斑马线"，也就是说，行人在安全岛或中央分道带的一侧时并不能够要求另一侧的车辆也停车让行；此外，第 39 条特别规定了行人不得横过马路的情形，如行人"身处斑马线控制区内，但却不在斑马线上"等。再以加拿大萨斯喀彻温省的法律规定为例，行人必须为机动车驾驶员留出足够的反应和刹车时间。② 在美国，有一个真实的案例，一位 82 岁的老人过马路时被汽车撞死，但该车司机却因为老人闯红灯而未受到任何罚单或是刑事指控。③ 总之，任何权利都面临着被权利主体宣示为绝对化的风险，因而任何权利的设定都需要借助更强的力量将其限定在适当的范围内。④ 在权利要求多元化的时代，对此加以深入探讨，将为应对实践中权利绝对化的趋势起到不可或缺的作用。

---

① R. v. Oakes, [1986] 1 SCR 103, 24 CCC (3d) 321.

② 转引自张鹏《权利理论与权利立法》，《河北法学》2013 年第 4 期，第 6 页。

③ 82-Year Old Woman Dies After South Street Traffic Accident, http://www.thelodownny.com/leslog/2014/09/82-year-old-woman-dies-after-south-street-traffic-accident.html（accessed 13 Sept. 2014）.

④ Hudson County Water Co. v. McCarter, 209 US 349, 28 S Ct 529（1908）.

（二）法律权利本身蕴含着秩序安排

权利本位论者认为，权利具备能动性和可选择性，权利主体可以自由地决定将其放弃。① 按照这一逻辑，权利被舍弃也不会给他人带来什么损失。但是，事实上，权利的放弃可能会造成资源的浪费、风险的升高甚至社会秩序的混乱。仍以行人优先通行权为例，假设每一辆机动车的驾驶员都能够尊重行人的优先通行权，当行人甲自南向北行进到没有交通信号灯的十字路口的人行横道线时，自西向东方向暂无来车，但甲看到自东向西行驶的来车是自己的邻居乙，于是挥手示意让乙先行，此时，乙后方的来车驾驶员丙以及自西向东的后至车辆驾驶员丁该怎么办？丙和丁完全无从知晓甲为何挥手让行，也并不知道甲挥手示意是让乙先行，还是告诉所有的车辆驾驶员，甲自己不想过马路，只是站在路边等人而已。此时，甲对于优先通行权的放弃，成就了乙的便利，却牺牲了其他机动车驾驶员对合理秩序的期待；丙和丁可能因为对甲手势的误解而不再停车让行，导致甲过马路的风险骤增。又如辅路让主路的通行规定，自东向西方向在主路上直行的车辆驾驶员甲看到前方的右侧支路的岔路口（并非十字路口）处有一自北向南准备左拐的车辆驾驶员是本单位领导乙，于是甲放弃了优先通行的权利，停车让乙先行，但是，此时自西向东方向的来车并不会像甲一样放弃自己的权利，因而，甲的权利的放弃并不能让乙顺利实现左拐，反而只会让甲之后的车辆与其一同苦苦等待自西向东方向不再来车的空当。如此，既不会达成让行乙的目的，又造成了交通的堵塞。可见，权利的放弃往往伴随着不利的社会后果。权利并非可以随意放弃的，"主张权利是对社会的义务"②。权利制度被设计出来本身即蕴含了对社会秩序的理性安排，身处其中的每一个人都应当按照这一行为标准自觉维护社会秩序。一个社会"承认某一项权利的天然前提，是整个社会接受了尊重该项权利和以合理行为保护该项权利的普遍义务"③。正因如此，建设法治国家，"重要的不是

---

① 张文显：《从义务本位到权利本位是法的发展规律》，《社会科学战线》1990 年第 3 期，第 135 页。

② ［德］鲁道夫·冯·耶林：《为权利而斗争》，胡宝海译，中国法制出版社 2004 年版，第 50 页。

③ Trinity Western University v. British Columbia College of Teachers, 2001 SCC 31 at para 35, [2001] 1 SCR 772.

数目不断成长的成文化法规，而是法规据以形成的根基"① ——法律法规所植根的社会秩序。

第三节 由注重观念宣示转向注重行为指引

一 观念宣示配合惩罚的模式难以完成法律实施的目的

现行法律文本中的权利性条款侧重于权利观念的宣示，在实施中又一味强调以处罚保障其绝对权威，不仅未能使法律顺利获得实施，反而引发人们的不满和社会秩序的混乱。以中外行人过马路的对比为例，国内各地加强教育和处罚违章行人的结果是不仅没能解决"中国式过马路"的顽疾，反而引发了警民之间的冲突。反观美国、加拿大等地，行人闯红灯、横穿马路并不是什么稀罕事。在英语中，甚至有个专门的词汇"Jaywalker"来指代那些乱穿马路的行人。② 但是，在美国、加拿大等地，在不影响交通秩序的前提下，机动车驾驶员遇到过马路的行人时，会主动停车让行。③ 有趣的是，在北京、上海，不少外国人过马路时也开始"随大溜"，④ 而中国人到了国外旅游时居然也可以模范遵守交通规则。⑤ 可见，处罚违章行人并不是保障机动车驾驶员正常行车权利的必备条件；相反，由于行人优先通行权未能受到充分尊重和有效行使，反而要以法律强制行人尊重机动车的行车权利，无异于火上浇油，强化了行人对于富人甚至对于法律的不满。而且，即使立法者设定了法律处罚措施，但如果没有具体的行为指引，权利行使只会陷入僵局。例如，在没有警察疏导的情况下，特殊车辆的优先权利见于《道路交通安全法》第53条规定："警车、消防车、救护车、工程救险车执行紧急任务时，可以使用警报器、标志灯具；在确保安全的前提

---

① ［德］施密特：《论法学思维的三种模式》，苏慧婕译，中国法制出版社2012年版，第22—23页。

② 任建民：《"美国式过马路"还不如中国》，2012年10月17日，人民网（http://usa. people. com. cn/n/2012/1017/c242805 – 19298958. html）。

③ 彭文：《行人：直行的危险 车主：右转的困惑》，2013年5月15日，中国新闻网（http://finance. chinanews. com/auto/2013/05 – 15/4818561. shtml）。

④ 源尔：《中国式过马路，别单拿素质差说事》，网易网（http://view. 163. com/12/1030/12/8F2J1Q7600012Q9L. html）。

⑤ 杨国栋：《怎能用违法手段惩治不文明行为》，《西安晚报》2013年6月20日第2版。

下，不受行驶路线、行驶方向、行驶速度和信号灯的限制，其他车辆和行人应当让行"——成了纸上谈兵。特殊车辆如何前行没有一定之规，普通车辆又不知如何让行，因而有了120急救车陷入交通堵塞动弹不得的揪心时刻。① 可见，法律实施的真正目的在于形成人与人之间的相互尊重，依赖于"就每个公民而言，在行为中要有坚定意志守法而且看到其他人违法亦是坚定地遵守这些法律"②，由人们共同营造和维护和谐的社会秩序。如果人人都能尊重对方，在法律秩序中能够保持行动的和谐，那么"无法的生活"或者说"无需法律的秩序"才是人们所期望的。③

二　人们的无知与矛盾需要权利性条款给出行为指引

观念宣示与法律处罚的搭配之所以没能有效发挥作用，关键在于理性的行为引导的缺位。每当人们批评他人没素质、不道德，针对的总是那些外在的具体行为；同样，正确的观念宣示或是宣传教育尽管能够帮助人们明辨是非或是提高认识，但并不能自动转化为正确的行为选择。即使每个人都具有同样的权利观念，每个人却都可能采取不同的行为模式，由此带来的只会是社会秩序的混乱。因此，要树立一项正确的观念，就必须明确在何种情况下该如何行为才能真正说明、真正贯彻该项正确的观念。要想弥补观念与行为之间的空白地带，就要为人们的无知和矛盾提供具体的行为指引。

（一）源自无知的需要

权利性条款之所以被定位为行为规范，首要原因在于个体行动的无知——"理性与无知，相互对立，影响了人类中的大多数"④；"人们之所以发展行为规则，并不是因为他们知道某一特定行动所会产生的全部后

① 黄蓉芳：《专家画救护车塞车黑地图》，《广州日报》2013年5月27日第A4版。

② ［美］庞德：《普通法的精神》，唐前宏、廖湘文、高雪原译，法律出版社2010年版，第64页。

③ 诚如埃里克森所言，"法律制定者如果对那些会促成非正式合作的社会条件缺乏眼力，他们就可能造就一个法律更多但秩序更少的世界"。可以想见，如果社会主体间遇到纠纷就仰赖法律的规范，凡事都以司法作为解决的途径，社会效率会被怎样地捆绑和束缚。而社会主体之间的合作，不可能在相互冷漠、相互不满的情绪下开展，此时，相互尊重的态度对于"非正式合作"就具有决定性的意义。埃里克森的观点参见［美］埃里克森《无需法律的秩序：邻人如何解决纠纷》，苏力译，中国政法大学出版社2003年版，第354页。

④ ［美］潘恩：《人的权利》，田飞龙译，中国法制出版社2011年版，第101页。

果，而恰恰是因为他们不知道这一切"①。对于全知全能者，无须借助法律规则。只是严酷的现实表明，每个人都只是有限理性的个体。"人类并不缺乏智力，但他们的智力存在缺陷，使他们的头脑混乱不堪"②；"人们所掌握的有关他人的理性、偏好和状况的信息是非常不完善的"③。正是因为对无知的否定导致了功利主义法学的失败：边沁所认为的最大多数人的最大幸福可以经由对快乐与痛苦的计算而确定，其预设的前提即是任何一项行动所具有的特定结果都是行为者本身所知道的；穆尔也认为只有每个行为者对所能采取的行动能够进行比较的前提下，才能采取在整体后果上具有最大内在价值的那种行动。但这些法学家忽视了行为规范恰恰是因为人们不具有某种知识才成为可能的。④ 实际上，"行为规则的功能，就在于克服因我们对那些决定着整体秩序的无知而形成的那种障碍"⑤。例如，红绿灯、人行横道等法律制度的设定正是为了指导机动车、助力车、自行车以及行人等在整体交通秩序中如何行动才能相互协调而不是互为障碍。正是为了消除由于无知所造成的社会混乱，权利性条款需要传播理性的行为协调的知识。只有凭借这种知识，人们才得以在相互交往中获得了最大范围的且不会相互阻碍的个体自由；也正是凭借这种知识，人们才能在行动时改变不合理的私人偏好，以最佳方案达成自己的目标。

　　无知可能是由于知识的匮乏所引起，也可能是冲动选择的结果。例如，金华的方女士被看房时的抢购热潮所感染，"像中了魔一样"在没有了解房屋信息的情况下就签订了房产认购合同，事后追悔莫及。⑥ 在消费交易中设立的考虑期（cooling off period）或者后悔期，正是为了解决上述问题：如果经营者提供商品或服务不符合质量要求的，消费者可以在一

---

①　［美］弗里德利希·冯·哈耶克：《法律、立法与自由》（第二、三卷），邓正来、张守东、李静冰译，中国大百科全书出版社 2000 年版，第 27 页。

②　转引自［美］亚瑟·亨·史密斯《中国人的脸谱》，陕西师范大学出版社 2006 年版，第 69 页。

③　［美］乔恩·埃尔斯特：《社会黏合剂：社会秩序的研究》，高鹏程等译，中国人民大学出版社 2009 年版，第 5 页。

④　［美］弗里德利希·冯·哈耶克：《法律、立法与自由》（第二、三卷），邓正来、张守东、李静冰译，中国大百科全书出版社 2000 年版，第 26—27 页。

⑤　同上书，第 11 页。

⑥　高谈：《威海海景房销售乱象　顾客称"像中了魔"》，2013 年 7 月，第 1 财经网（http://www.yicai.com/news/2013/07/2838417.html）。

定时间段（如七天）内退货，这一权利近来也写入了《消费者权益保护法修正案（草案）》。① 从心理学达克效应的角度来看，个体会在无知的境况下产生虚幻的自我优越感，错误地认为自己比他人都优越。② 这种错误的优越感在生死攸关的关键时刻带来的是个人甚至群体的极端危险。以2013 年韩亚航空客机失事为例，一名女乘客从行李箱上取下随身行李一起逃生。这种"要财不要命"的做法遭到了广泛的谴责：在紧急撤离时，从行李箱内取行李，耽误以秒计算的救生时间，行李脱落会砸伤人，脱落行李堵塞过道影响紧急撤离速度；跳滑梯时行李会划破滑梯，滑梯漏气，造成的伤害会更大。③ 该乘客对此给出了回应："第一，我们一家三口坐在一排，头顶就是行李舱，拿东西不用站在通道上。第二，我们的护照、钱等东西都在包里，不拿就困难啦。第三，当时机舱里大家都在往前看，也没太多混乱，后面并没人跑。"④ 这一回应得到了部分网友的支持：在这种混乱的场面，很难要求乘客作出精准的判断，对于这种无恶意的主观行为，不宜再进行谴责；相反，社会应当给予该乘客更多安慰。⑤ 我们当然为这种宽容精神叫好，但是，该乘客和支持者的意见其实根本没有能够为其成功辩护。应当注意到，该乘客在逃生时并不是没有为他人考虑，而是在当时的环境下作出了自认为"理性"的判断。但是，这种个人"理性"的行为选择却极有可能危及自己和他人的生命安全。⑥ 在关键时刻，

---

① 陈丽平：《我国首次全面修改消费者权益保护法——草案增加了消费者协会职能赋予其诉讼主体地位》，《法制日报》2013 年 4 月 24 日第 3 版。

② Justin Kruger and David Dunning, "Unskilled and Unaware of It: How Difficulties in Recognizing One's Own Incompetence Lead to Inflated Self Assessments", *Journal of Personality and Social Psychology*, Vol. 77, No. 6, 1999: 1121 – 34.

③ 吕楠芳：《飞机失事后逃生"黄金"时间仅 50 秒——乘务员爆国人机上逃生常识基本空白，需加强自救安全意识》，《羊城晚报》2013 年 7 月 8 日第 A03G 版。

④ 崔木杨：《折翼旧金山——飞行员最后时刻向塔台连呼"听不清"；飞机触地时乘客头撞天花板》，《新京报》2013 年 7 月 8 日第 A8—A9 版。

⑤ 杨鋆晖：《无须对幸存者徐达更多苛求》，《杭州日报》2013 年 7 月 10 日第 A2 版。

⑥ 《中华人民共和国民用航空法》第 48 条规定，"民用航空器遇险时……在必须撤离遇险民用航空器的紧急情况下，机长必须采取措施，首先组织旅客安全离开民用航空器；未经机长允许，机组人员不得擅自离开民用航空器；机长应当最后离开民用航空器"。因此，"带行李箱逃生"不仅延缓了乘客的逃生速度，也危及机组人员的生命安全。参见徐慨《〔央视评论〕"带行李箱逃生"到底妨碍了谁》，2013 年 7 月 8 日，中国网络电视台网（http://news.cntv.cn/2013/07/08/ARTI1373286456663734.shtml）。

正是行为规则决定了人的生死存亡。如果每个人在逃生时都主张自己的财产权利，那么逃生时间究竟需要多少才够？个人理性始终是有限的，个人的错误优越感将会对他人的生命安全构成严重威胁。

（二）源自协调难题的需要

超越了无知的状态，人们同样会遭遇秩序的混乱；即使人与人之间能够充分了解彼此的信息，现实情况的复杂程度却往往会超出个人的处理能力。对于同样一个问题，每个人都可能会有不同的解决方案，协调难题由此而生，"每个人都拥有自由去判断什么是应当与善、并采取相应行动的权利"①，但"单独的私人理性行为有可能造成集体的或公共的非理性"②；如果每一个人按照自认为正确的主张采取行动，有时会造成严重的社会紊乱。生活中常常碰到的情形，相向而行的两个人要通过超市中狭窄的购物空间，互相避让时到底是往左靠还是往右靠？人们常会摇摆不定，结果往往是让来让去白白耽误了时间。即使大家是真心为了他人着想，但个体判断的不一致仍可能造成秩序的混乱。因而，"不论私人偏好的内容是什么都一律予以满足，是一种完全不现实的自由或自治观念。相反，自治观念应该是指在完全、充分地意识到所有的可得机会，掌握了所有有关信息……的情况下而作出的决定"③。也就是说，法律要指引人们的行为，难免遇到怎样才是合理行为的争执，这就需要在掌握全面信息的情况下，确定科学的行为标准。立法者应当避免以自上而下的视角审视现实的社会关系，而是真正站在参与者的立场上，平等地展开与群众的对话，汲取集体实践智慧，并开展立法后实践效果的评估与反思。④

"行为需要标准"，而行为标准的核心要素就是"理性"。⑤ 从根本上而言，权利立法是"一条通向合作理想而不是通向相互竞争的自我主张

① ［德］罗伯特·阿列克西：《法·理性·商谈：法哲学研究》，朱光、雷磊译，中国法制出版社 2011 年版，第 147 页。

② ［美］桑斯坦：《权利革命之后：重塑规制国》，钟瑞华译，中国人民大学出版社 2008 年版，第 53 页。

③ 同上书，第 44 页。

④ 立法后评估，是在法律法规制定出来以后，由立法部门、执法部门、社会公众等，采用社会调查、成本与效益计算等方式，对法律法规的实施效果进行分析评价，对法律法规的既存缺陷及时矫正和修缮的制度。参见汪全胜等《立法后评估研究》，人民出版社 2012 年版，第 16—18 页。

⑤ Roscoe Pound："What is Law？" West Virginia law Quarterly and the Bar, 1940, Volume XL VII, p. 9.

理想的道路"①，"如果个人自由是目标，那么自由放任就不是解决之道"②。权利性条款不能只是留下"较大的选择余地"让当事人自己选择。相反，只有给出具体的行为指引，消除无知与盲动所带来的矛盾冲突，才能实现人与人之间的合作而达成秩序与文明。理性的权利行为指引，不是干涉个人的行为选择自由，而是对个人自由的有利促进和保障：以行为的规范标准消除可能的混乱和非理性的社会状态，避免人们的彷徨、盲从或者冲突，解决协调难题和集体行动的困境，是对个人理性的行动能力的强化和自由选择的促进。③

三　权利性条款实现确定的行为指引的意义

（一）唯有确定的行为指引方能避免权利冲突

立法，如果一味地强调权利观念的宣示，而没有给出法律关系中各方主体具体行为的规定，就会催生出所谓的权利冲突现象。让我们暂且放下国内学界对权利冲突是否是个伪问题的争议，④ 来看看《立法学：理论与实践》一书为我们提供的典型立法例：一项《森林法案》（*Forest Bill*）如果从主体角度来规定权利——"长期、持续拥有使用特定森林资源权利的个人及其家庭或者所属团体有继续使用这些资源的不可剥夺的权利"。由于立法把该权利称为"不可剥夺的"，那么立法者就无需考虑其他法律中的权利规定。但是，一旦法庭受理如下纠纷：一方声称，作为"长期的、持续的使用特定森林资源权利"的拥有者，他有伐木的"不可剥夺的权利"；而另一方则持有林业许可证，具有许可证所赋予的"森林

---

① ［美］庞德：《通过法律的社会控制》，沈宗灵译，商务印书馆2008年版，第60页。

② ［美］桑斯坦：《权利革命之后：重塑规制国》，钟瑞华译，中国人民大学出版社2008年版，第46页。

③ 卓贝克指出：制度作为"博弈规则"改变了个人决策所涉的重要因素，个人通过在制度内的互动，在一套具体的规则和收益设置内了解他人和他们的行为以及这些互动对自己和他人所带来的后果，以此来收集信息，作出行为选择。参见 ［美］胡安－卡米洛·卡迪纳斯、埃莉诺·奥斯特罗姆《规范如何有助于减少公共资源悲剧：一个分析实地试验的多层框架》，［美］卓贝克《规范与法律》，杨晓楠、涂永前译，北京大学出版社2012年版，第125页。

④ 苏力教授在《法治及其本土资源》一书中提出权利冲突问题，郝铁川老师认为学界聚焦的权利冲突实际上是一个伪问题，是人们把权利本位绝对化导致的。参见苏力《法治及其本土资源》，中国政法大学出版社1996年版，第181—182页；郝铁川《权利冲突：一个不成为问题的问题》，《法学》2004年第9期，第3—6页。

伐木的专有权利"。法庭就必须对两个彼此冲突的权利进行艰难的权衡。但是，如果立法是从行为角度来规定："尽管法律禁止没有许可证的人使用森林资源，但那些长期、持续使用特定森林资源的个人及其家庭或者所属团体可以继续使用这些资源"。这样，就可以表明何人为何事，避免了执法者必须在彼此冲突的"不可剥夺的"权利之间作出选择才能适用法律的麻烦和困难。① 正如在贝克汉姆夫妇诉世界新闻报一案中展现出来的明星隐私权与大众知情权的较量，② 法律要解决的并不是两项权利的位阶高低问题，而是需要给明星隐私权划定界限。因此，立法中能够解决的问题，绝不能留给司法实践；权利立法应为权利划定边界，对具体行为加以明确，避免实践中出现权利冲突的伪问题。

（二）唯有确定的行为指引方能保障权利观念的实现

如果权利性条款只重观念宣示，其所提供的权利保障就只不过是干巴巴的语言象征，对现实问题的解决难以产生实际的效果，造成的结果恐怕就包含着群众对法律的失望。不充分的保护可能是由权利实施的成本③造成的，也可能是由行政管理者被利益集团所绑架而形成的。前者如经济发展不佳造成选举投票站简化设施造成的对人们行使投票权的不利影响，后者如商品安全的标准竟然是在政府主持下由主要生产厂商联合制定的。

法律权利之所以存在，是为了确保特定法律关系出现时，身处其中的权利义务双方能够实现和谐共处，由义务的自觉履行保障权利的顺利实现。例如，对于解决前述急救车等特殊车辆的优先通行权难以实现的问题，有医生倡导要"培养市民为救护车让道的意识，希望所有道路都能开通专门的'生命绿色通道'"。培养公民的自觉意识，当然没有问题。但是，如何合理划定绿色通道呢？在没有急救车通过的状态下非特殊车辆是否可以占用该车道？如果突然出现急救车，已经在绿色通道上的机动车该如何避让呢？每个机动车驾驶员都可能有自己的想法，有的主张往左靠，有的主张往右靠，最终还是可能陷入行为不统一导致的混乱局面。这

---

① ［美］安·赛德曼、罗伯特·鲍勃·赛德曼、那林·阿比斯卡：《立法学：理论与实践》，刘国福等译，中国经济出版社 2008 年版，第 313 页。

② 具体案情参见朱巍《明显隐私权与大众知情权的较量》，人民网（http：//media. people. com. cn/GB/22114/42328/166806/9915629. html）。

③ 贫困的政府无力保护权利，参见［美］霍尔姆斯、桑斯坦《权利的成本：为什么自由依赖于税》（第 2 版），毕竞悦译，北京大学出版社 2011 年版，第 19—58 页。

一问题在加拿大萨斯喀彻温省是这样解决的：遇到警报闪烁或者鸣笛的紧急车辆，所有车辆必须靠右避让，尽量靠近道路右侧，并且不得驶入下一个路口；如果道路是单向车道，则所有车辆应当靠近路的最左侧或最右侧；如果是在路口遇到紧急车辆，驾驶员必须停车让紧急车辆优先通过。[①] 可见，权利观念真正要得以实现，就应当以切实可行的行为标准来要求人们，而不能只是停留在观念或者意识的培养上。

（三）唯有确定的行为指引才能保障权利主体的自由

现有权利理论中，有这样一种倾向，认为责任只是相对于义务人而言。如张文显教授主编的《法理学》教材中，将法律责任认定为"违反第一性义务而引起的第二性义务"[②]。义务的不履行的确会引起法律责任，但是，义务仅仅是义务人所应负担的吗？只有义务人的义务才能引起法律责任吗？现有权利理论尽管认定"权利和义务都有明确的界限"，但在权利界定时并没有说明这个"度"应当是什么，也没有引入权利人的义务概念。从立法来看，只是明确权利行使不得侵犯国家的、集体的、个人的合法权益。从实践来看，仅以航空公司飞机延误为例，乘客对空乘人员、机场工作人员大发脾气、扭打的情况时有发生。乘客在权利受到委屈时，不分青红皂白地主张个人权利，只能造成乘客和航空公司双方的损失，却对权利行使并无任何益处。美国的机场工作人员明确表示，不会因为乘客吵闹而让步。而按照美国联邦航空安全法规，在机场柜台、候机厅等大声吵闹，属于扰乱机场秩序，可能被取消登机资格，甚至被强制处罚或者逮捕等。[③] 权利的行使并非可以为所欲为，如果没有相应的法律规定的出台，这些问题根本无法得到解决。比如，以往针对住户家中半夜装修、唱歌等扰民的行为，通常情况下达成和解或由民警调解结束。只是在《治安管理处罚法》出台后，才有了法律依据：该法第58条规定"违反关于社会生活噪声污染防治的法律规定，制造噪声干扰他人正常生活的，处警告；警告后不改正的，处二百元以上五百元以下罚款"。可见，恣意的权利行使、盲目的权利主张，不仅不会对权利主体产生任何裨益，反而要承

---

① Saskatchewan driver's licensing and vehicle registration. Saskatchewan Driver's Handbook, http：//www. sgi. sk. ca/pdf/handbook/2012_ DriversHandbook_ All. pdf. （accessed 30 July 2013）.

② 张文显主编：《法理学》（第 3 版），高等教育出版社 2007 年版，第 168 页。

③ 杨扬：《他山之石：美航空公司如何处理航班延误、取消》，2004 年 7 月 7 日，新华网（http：//news. xinhuanet. com/world/2004 -07/07/content_ 1580667. htm）。

担法律责任的不利后果，附带也会造成社会秩序的混乱。因此，权利享有本身就需要行为的规范，唯有在权利边界内才能获得真正的自由，违反权利规定抑或权利追求的过激行为也会产生出权利人的法律责任。权利立法需要行为指引，不仅是对义务人的充分尊重，也是对权利人本人负责，对社会秩序负责。

（四）唯有确定的行为指引方能防止权力对权利的侵害

权利性条款中如果未能为主体的行为划定标准，极易为滋生贪污腐败留下空间。以《体育法》第 46 条第 1 款的规定为例，"公共体育设施……对学生、老年人、残疾人实行优惠办法"，《全民建设条例》第 28 条进而规定，"学校可以根据维持设施运营的需要向使用体育设施的公众收取必要的费用"。实践中，不同省市对于包括学校在内的公共体育设施的开放制定了不同的收费政策，但问题在于：各类大中小学校是否都有权自行制定收费标准？是学校还是地方政府有权决定对学生、老年人、残疾人的免费开放还是折扣优惠，谁来把握这个度？谁又有权收取这部分费用？公众是否有权监督这部分费用的使用流向，如何监督？立法者唯有对权利行使的行为指引给出确定的答案，方能避免权力对权利的不当干预和侵害。

四　权利性条款应定位于法律关系中根据行为来构建

权利本身并非是关于个人支配范围的概念。以物权（property）为例，在美国和加拿大法律体系中，其关注焦点并非个人支配的稀缺资源本身，而是权利人在与他人的关系中对于这些稀缺资源所能够行使的权利。尽管学理上对于这些权利集合的内容有所争议，但无可争议的是，排除他人干涉的权利是物权的重要组成部分。① 在司法实践中，美国最高法院认定"在普遍被认为是物权所涵盖的一系列权利中，排除他人（干涉）是最重

---

① 该争议中主要形成了三方意见：其一，单维唯实论（single variable essentialism），即排除他人干涉的权利是物权享有的充要条件，物权不可简约的唯一核心价值；其二，多维唯实论（Multiple variable essentialism），物权有一整套的价值体系，排除他人干涉是其中之一；其三，唯名论（nominalism），物权是一个没有固定内涵的习惯概念，任何特定价值都可以归入其中，在这一观点中，排除他人干涉的权利不是物权成立的充分条件也不是必要条件，只是与物权普遍联系的一个特征而已。Thomas W. Merrill，"Property and the Right to Exclude"，77 Neb. L. Rev. 730 (1998)，pp. 730 – 731.

要的一项"①。正如甲拥有一部手机,是大卸八块还是弃之不用,是由甲自己决定并处理的。但在法律上规定之他人不得干涉的权利,并不是在这一维度上获得规定性的,而是在所有权人与他人的相互关系中得以证立的。一旦处分该手机的行为发生在与他人的关系中,譬如甲从其十楼的住宅上扔出或是在公共场所随意丢弃,那么这一处分行为就要受到法律的限制。总之,"只有一个人时不存在物权。物权的实质是人与人之间的关系"②;物权所"保护的利益并不只是严格意义上的私有权",而是包含着"公众的维度",问题的关键在于"权利是用来服务于人们之间相互关系的构建的"。③ 再如,建筑物专有部分所有权,《物权法》第 71 条规定:"业主对其建筑物专有部分享有占有、使用、收益和处分的权利。业主行使权利不得危及建筑物的安全,不得损害其他业主的合法权益"。要怎么进行内部装修是所有权人自己的事情,法律自然不应干涉。但是,一旦个人所有权的行使与他人产生关系时,法律就需要明确地为所有权的正当行使划定界限。如业主装修时擅自改动、砸掉承重墙,危及自己和其他业主的所有权,因而是被法律所禁止的,也就是说,前述行为被排除在所有权的正当行使边界之外,一旦为之即属违法。总之,权利是在人与人的相互关系中得到证实的,因而权利立法也不可能脱离法律关系,而只是宣示利益归属问题就可以完成任务的。

"一切法律均缘起于行为方式"④,"给出付诸行动的理由,或者把这种行动的理由转变为行动,这恰恰是法律贯穿整个西方传统所做的"⑤。权利要在人与人的相互关系中得以确定,就必须从行为指引的角度来加以规定。例如,《体育法》中学校体育设施的开放问题,无论从权利观念的角度来规定(公众有权使用学校的体育设施),还是从义务观念的角度来规定(学校的体育设施应当向公众开放),均无法说明法律调整对象的具

---

① See Kraiser Atena v. United States, 444 US 164 at 168, 100 S Ct 383 (1979).

② Felix Cohen, "Dialogue on Private Property", 9 Rutgers L. Rev (1954—1955), p. 378.

③ Bruce Ziff, Jeremy de Beer, Douglas C. Harris, Margaret E. McCallum, *A Property Law Reader: Cases, Questuions, And Commentary (Third Edition)*, Toronto: Carswell, 2012, p. 1.

④ [德] 弗里德尼希·卡尔·冯·萨维尼:《论立法与法学的当代使命》,许章润译,中国法制出版社 2001 年版,第 11 页。

⑤ [美] 康斯特布尔:《正义的沉默:现代法律的局限和可能性》,曲广娣译,北京大学出版社 2011 年版,第 150 页。

体行为以及行为标准是什么——应当在何时以怎样的方式开放设施供公众使用，因而该权利在实现时难免产生争议和矛盾，易引发公众与学生的体育设施使用权的冲突。由此看来，权利立法，应当在法律关系中根据行为进行构建，指明何人为何事。正如我国台湾地区"国民体育法"第7条第1款强调，各级学校运动设施的开放，必须"在不影响学校教学及生活管理为原则下"，提供给社区内民众体育活动之用，在向使用者收取费用时，唯一标准和支出用途是"支应设施之维护及辅导人员所需费用"；为明确"运动设施之开放时间、开放对象、使用方式、应收费额及其他应遵行事项"，更是特地在第2款中规定体育设施管理办法，"除大专院校由该校自行订定外，均由各级主管教育行政机关统一制定"。为此，台湾地区教育部门专门出台"国立高级中等以下学校运动设施开放及管理办法"（包括作为附件出现的《国立高级中等以下学校运动设施开放使用费应收费额表》）加以实施。体育法在修订时如要加入学校体育设施开放的规定，可予以借鉴，进而规定为"在不影响学校正常的教学和生活秩序的原则下，学校应当在课余时间和节假日向公众开放体育场地，保障居民开展体育活动。学校可以收取必要的费用，用以维护体育设施的正常使用。学校体育运动设施的开放范围、开放时间、收费标准等由国务院教育部门另行规定"。总之，要切实保障公民法律权利的实现，不能只是在单纯的理念阐述上下功夫，也不能以法律文本中权利性条款的数量定高下，而是需要在狭义的法律层次上即明确行为指引、划定权利界限，为权利实践夯实制度基础。而下位法所要明定的就是在法律权利的边界范围内划定具体标准来保障法律权利的实现。

第七章

权利性条款形式理性缺陷剖析

对权利性条款的实质理性分析告一段落之后，本章将展开权利性条款形式理性方面的探讨。法律文本不是立法者或者执法者的专利，而是面向老百姓的大众读物。遇到实践问题，人们需要从法律文本里寻求答案。"它是决定某个事情如此这般，不同于判断它是如此这般。"[1]但是，在这一过程中，法律文本中的信息却常常未能为民众释疑解惑。当民众所得信息并非其所需要，此种"数据与知识间的黑洞"[2]，被称为对法律文本产生的信息焦虑（Information Anxiety）。[3] 这种焦虑不仅造成法律实施中的时间浪费和社会各阶层经济负担的加剧，[4] 而且很容易让人民群众放弃难以理解的法律文本，也势必加剧对法律及其执行者的不满意程度，这将损害社会的整体结构。[5] 由此而言，权利性条款的形式规范化对法律实施至关重要。

第一节 权利性条款构造体系中存在的缺陷

立法者在进行权利立法之时，对法律名称和法律文本的体系设计是首先要解决的问题。然而，我国现有法律文本却在这些方面出现了相互矛盾

---

① ［英］奥斯汀：《如何以言行事》，杨玉成、赵京超译，商务印书馆 2012 年版，第 133 页。

② Richard S. Wurman, Information Anxiety, New York: Doubleday, 1989, p. 19.

③ David C. Elliott, New Technology and Drafting: The Latest Devices, Techniques and Ideas, http://www. ciaj – icaj. ca/en/publications/papers – a – articles/legislative – drafting (accessed 30 July 2013).

④ 加拿大司法部立法顾问对这一问题重视已久。通过《释义法》（Interpretation Acts）就是为了立法语言的经济化而做出的一部分努力。David C. Elliott, New Technology and Drafting: The Latest Devices, Techniques and Ideas, http://www. ciaj – icaj. ca/en/publications/papers – a – articles/legislative – drafting (accessed 30 July 2013).

⑤ Sir John Donaldson's comment in Merkur Island Shipping Co. v. Laughton [1983] 1 All ER., p. 334.

的地方。

一　权利立法名称不统一

同是对特殊群体的法律权利的保障，法律名称却出现了不统一的状况：《消费者权益保护法》《归侨侨眷权益保护法》中使用的是"保护"一词；而在《妇女权益保障法》《老年人权益保障法》中则使用了"保障"一词。① 不仅如此，前述四部法律均以特殊群体的"权益"来命名，而在《未成年人保护法》《残疾人保障法》中，立法者并未加入权益或是权利等字样。

二　法律权利体系混乱

《物权法》的出台，被认为是"一部具有里程碑意义的法律"②，标志着"一个新权利时代的开启"③。遗憾的是，《物权法》在体系构造上却存在不协调之处。首先，从《物权法》整个文本体系来看，第 2 条明确了该法的调整范围："本法所称的物权，包括所有权、用益物权和担保物权"。然而该法第 65 条第 2 款却将继承权和其他权益包含进来："国家依照法律规定保护私人的继承权及其他合法权益。"一方面，我国民法学界对于继承权是否属于物权范畴尚存争议，法律文本将这样的内容规定下来显然并不合适；另一方面，"及其他合法权益"是指什么？如果可以将更多的权利利益内容涵盖进来，《物权法》的调整范围是怎样确定的？其次，从《物权法》中的个别章节来看，所辖内容并不统一。以《物权法》第三编"用益物权"的规定来分析，法定的用益物权仅包括土地承包经营权、建设用地使用权、宅基地使用权和地役权四种。但是该法第 117 条却规定，"用益物权人对他人所有的不动产或者动产，依法享有占有、使

---

① 这一用法的差别也在立法目的条款中表现出来：在动词的宾语皆为合法权益的前提下，《消费者权益保护法》第 1 条中使用的是动词是"保护"——"为保护消费者的合法权益……制定本法"；而《妇女权益保障法》第 1 条的规定中动词使用的则是"保障"一词——"为了保障妇女的合法权益……制定本法"，《老年人权益保障法》第 1 条的规定亦同——"为了保障老年人合法权益……制定本法"。

② 杨景宇：《物权法：一部具有里程碑意义的法律——物权法出台的背景和意义》，《理论参考》2007 年第 6 期，第 15 页。

③ 阿计：《〈物权法的"中国结"〉专题报道之三　一个新权利时代的开启》，《民主与法制》2007 年第 7 期，第 12 页。

用和收益的权利"。显然，动产并不包含在用益物权的对象之中，法律又为何要将其规定在"一般规定"之中呢？有学者解释为，"本条将动产纳入到用益物权客体的范围之内，仅仅是预留了通过特别法设立动产用益物权类型的空间，并不意味着可以将对某些动产的用益关系解释为用益物权"。仅仅为立法将来可能的发展而让现有法律条文前后矛盾，为了法律的安定性而让其处于非理性的境地，这恐怕不能成为合理的理由。①

第二节　权利性条款规定内容的缺陷

一　标志词使用的混乱

（一）权利与权益的混用

同是权利规定，我国现行法律文本却使用了不同的标志词汇，最典型的代表即为权利和权益。在"中国法律法规信息系统"中检索，使用"权利"一词的现行有效的狭义法律和全国人大、全国人大常委会有关问题的决定②多达165篇，而使用"权益"一词的则为162篇，数量上"权利"稍占优势。但在下述两种情况中结果却截然相反，"权益"一词被使用地更多：一是中共中央、国务院法规及文件，共计190篇；二是部委规章及文件，多达982篇。（总结见表7-1）

表7-1　　　　　　　　包含权利和权益的法律文本统计

法律文本中 所使用的词汇	法律	中共中央、国务 院法规及文件	部委规章 及文件
权利	165	146	798
权益	162	190	982
权利和利益	11	0	3

注：检索结果是包含上述词汇的法律文本的数量，不是使用这些词汇的次数。

①　最高人民法院物权法研究小组：《中华人民共和国物权法条文理解与适用》，人民法院出版社2007年版，第350页。

②　"中国法律法规检索系统"中，将狭义的法律与有关问题的决定放在同一搜索类别之中，除了法律以外，尚包括275篇全国人民代表大会及其常务委员会的决定。因而才出现了笔者对法律的统计和在该系统中"法律及有关问题的决定"的统计结果的不同。统计时间截至2013年6月30日。

刘红婴教授等在《法律的关键词——法律与词语的关系研究》一书中根据抽样的 37 篇法律文件，分析"权利"与"权益"在不同文本中的使用频次后认定："'权利'在法律文本中的使用频次较高"，并以此得出结论，权利是权益的基础，即行使权利的结果是现实权益。① 这一结论存在如下三方面的问题：首先，刘红婴教授等并没有注意到有的法律文本采用了权益的另一种表达方式——"权利和利益"，因而在统计时错误地将其归入了"权利"一类之中；其次，从行政立法等角度来看，这一问题则恰恰呈现出相反的样态；最后，即使是在刘红婴教授等抽取的样本中，在《农业法》《侵权责任法》《妇女权益保障法》等法律文本中，"权益"一词的使用频率也远远胜过"权利"一词。因此，上述结论难以成立。但这也从另一个角度反映出权利与相关词汇在使用上的混乱。

如前所述，权利本身并非利益。"利益只是权利客体的抽象表述。例如，当一个人基于无主物先占的原则对一只野兔子享有所有权时，尽管这只野兔子会给权利人带来利益，但是这只野兔子本身并不是权利，它只是权利的客体，而权利则是主体基于自己的自由意志对这只野兔子进行占有、使用、收益和处分的各种可能性。"② 当人们认为自己的权利受到侵害而到法院寻求保护之时，其所谓的权利主张却并非一定成就法律权利，例如司法实践中并未施以保护的亲吻权、贞操权。与此相反，对于隐私等利益主张，在法律尚未确认隐私权时，法院判决却是援引法律中规定的人格权来支持当事人的请求，将它归于权利之外的合法利益之中。因此，在法律上对主体的权利和利益区分对待，对立法和司法实践而言确属必要。但现有立法却未将这一区别贯彻下来，在权利和利益的搭配方面也出现了失当之处。如《电子签名法》第 3 条中规定，"当事人约定使用电子签名、数据电文的文书，不得仅因为其采用电子签名、数据电文的形式而否定其法律效力。前款规定不适用下列文书：……（二）涉及土地、房屋等不动产权益转让的"。此处，权利能够转让自不待言，但利益是否可以被转让呢？利益主张并非一定能够得到法律的支持，并由此区别于权利主

---

① 刘红婴等：《法律的关键词——法律与词语的关系研究》，知识产权出版社 2012 年版，第 75—78 页。

② 方新军：《权益区分保护的合理性证明——〈侵权责任法〉第 6 条第一款的解释论前提》，《清华法学》2013 年第 1 期，第 143 页。

张。如捡到乌木者主张对乌木的所有权,[①] 但在法律上这一所有权并不成立,因而当事人的所谓利益根本无法转让。第三人利益也是同样不存在转让一说。如在贵州与湖南两家"老干妈"的品牌之争中,消费者可能因为相似的包装和商标而发生误认的情形,此时作为第三人的消费者利益受损,但无权提起商标权的诉讼,更不涉及利益的转让问题。可见,"'权利'与'利益'的区别实益,在于如果是'权利',则可以转让、授权、设定担保及继承,侵害发生时,属于侵权行为,适用侵权行为之请求权相关规定,以计算其损害赔偿额、请求时效等;反之,如果是'利益',则法律上的主张就仅能在法律有特别规定时为之,且无转让、授权、设定担保及继承之可能"[②]。而且,对于不动产的转让,《土地管理法》《城市房地产管理法》等均作出了明确规定,涉及土地、房屋等不动产的转让是权利归属的转让,而非利益的转让。可能出现争议之处是预售商品房的转让。在《城市房地产管理法》第46条中规定:"商品房预售的,商品房预购人将购买的未竣工的预售商品房再行转让的问题,由国务院规定"。但国务院制定的《城市房地产开发经营管理条例》及建设部颁发的《城市房地产转让管理规定》《城市商品房预售管理办法》《商品房销售管理办法》等行政法规、部门规章均没有明确规定相应问题的处理方法。实际上,问题的核心在于预售商品房再行转让的标的到底是债权还是物权并不明确。房地产开发企业与预购人签订的虽然是商品房买卖合同,但实际上合同标的物尚不存在或不能使用。房地产开发企业与预购人所签订的合同或者预购人与再行受让人所签订的合同,通常均将合同标的列为房屋,但从物权法的角度而言,该合同所称房屋并不构成独立的物。因而商品房预售中预购人并未获得商品房的所有权。预售商品房再行转让的标的是合同权利和义务。由于对房屋未进行权属登记,根据《物权法》规定,并不发生物权的变动,因此预售人再行转让的不能是物或物权,而只能是合同权利和义务,并非房产利益的实际转移。[③] 总之,在法律关系中获得转

---

① 参见《彭州"天价乌木"案终审乌木为国有,原告上诉被驳回》,2013年6月17日,人民网(legal. people. com. cn/n/2013/0617/c42510-21856027. html)。

② 章忠信:《营业秘密? 权利? 利益?》,著作权笔记网(http://www. copyrightnote. org/crnote/bbs. php? board=8&act=read&id=5)。

③ 陈昊、谢国忠: 《商品房预售合同转让问题研究》,重庆市沙坪坝区人民法院网(www. cqspbfy. gov. cn/Information/InformationDisplay. asp? newsid=36421)。

让的并不是利益，而是权属关系，因而利益转让的用法并不成立。

（二）标志性动词使用混乱

有的权利性条款不恰当地省略了谓语动词"有权"。如《社会保险法》第45条"失业人员符合下列条件的，从失业保险基金中领取失业保险金……"应当表述为"失业人员符合下列条件的，有权从失业保险基金中领取失业保险金"。有的权利性条款在使用同一动词时，却在用法上出现了相互冲突。如"可以"一词，在同一部《物权法》中用法居然也有不同：第137条第1款规定，"设立建设用地使用权，可以采取出让或者划拨等方式"，此处，"可以"作为一个词语使用，表示许可；而第133条规定，"通过招标、拍卖、公开协商等方式承包荒地等农村土地，依照农村土地承包法等法律和国务院的有关规定，其土地承包经营权可以转让、入股、抵押或者以其他方式流转"。如果将"可以"视为一个词，那么，后半句就有了"可以……以"的重复。因此，从"或者"前后的并列关系来看，"以其他方式"应是与"以转让、入股、抵押"的方式表示并列，"可""以"是作为独立的两个词来使用的，"可"表示允许、有权；"以"表示用、把、将。

二　条款构造技术的欠缺

《劳动法》第3条第1款用一句话加以概括劳动者的权利："劳动者享有平等就业和选择职业的权利、取得劳动报酬的权利、休息休假的权利、获得劳动安全卫生保护的权利、接受职业技能培训的权利、享受社会保险和福利的权利、提请劳动争议处理的权利以及法律规定的其他劳动权利"。该条款因为内容过多而明显过长，无法达到清晰明确的立法要求，让人们读起来拗口，理解起来繁复。而且，居中搭配并不一致："平等就业和选择职业的权利""休息休假的权利"直接与"享有"搭配使用；而在其他权利表述中增加了"取得""获得"等动词。实际上，如果按照后一表达的逻辑，"休息休假的权利"之前也应当加入"取得"或者"获得"的表述。《公务员法》《法官法》《检察官法》《著作权法》均以列举的方式进行规定，显得清楚规范。如《著作权法》第10条规定："著作权包括下列人身权和财产权：（一）发表权，即决定作品是否公之于众的权利；（二）署名权，即表明作者身份，在作品上署名的权利；（三）修改权，即修改或者授权他人修改作品的权利；（四）保护作品完整权，即保护作品不受歪曲、篡改的权利；（五）复制权，即以印刷、复印、拓印、录音、录像、翻录、翻拍等方式将作品制作一份或者多份的权利；（六）发行权，即以出售或者赠与方式向公众提供作品的原件或者复制件的权利；（七）出租权，即有偿许可他人临时使用电影作品和以类似摄制电影的方法创作的作品、计算机软件的权利，计算机软件不是出租的主要标的的除外；（八）展览权，即公开陈列美术作品、摄影作品的原件或者复制件的权利；（九）表演权，即公开表演作品，以及用各种手段公开播送作品的表演的权利；（十）放映权，即通过放映机、幻灯机等技术设备公开再现美术、摄影、电影和以类似摄制电影的方法创作的作品等的权利；（十一）广播权，即以无线方式公开广播或者传播作品，以有线传播或者转播的方式向公众传播广播的作品，以及通过扩音器或者其他传送符号、声音、图像的类似工具向公众传播广播的作品的权利；（十二）信息网络传播权，即以有线或者无线方式向公众提供作品，使公众可以在其个人选定的时间和地点获得作品的权利；（十三）摄制权，即以摄制电影或者以类似摄制电影的方法将作品固定在载体上的权利；（十四）改编权，即改变作品，创作出具有独创性的新作品的权利；（十五）翻译权，即将作品从一种语言文字转换成另一种语言文字的权利；（十六）汇编权，即将作品或者作品的片段通过选择或者编排，汇集成新作品的权利；（十七）应当由著作权人享有的其他权利"。

三　表述方式不规范

"法律不要精微玄奥；它是为具有一般理解力的人们制定的。它不是一种逻辑学的艺术，而是像一个家庭父亲的简单平易的推理。"① 然而，我国权利性条款的构建在表达上出现了遣词造句方面的失误，容易造成理解的混乱。

（一）用词方面不规范

1. 词语内涵外延界定不明

在权利性条款的规定中，立法者大量使用了"必要""合理""可能""适合""有效"之类意义并不确定的词汇，造成这些条款含义的模糊，为实践中的操作困难留下了隐患。例如，《妇女权益保障法》第 4 条

---

① ［法］孟德斯鸠：《论法的精神》，张雁深译，商务印书馆 1963 年版，第 341 页。

第 2 款规定："国家采取有效措施，为妇女依法行使权利提供必要的条件"。

在权利如何得以保障的表述中，立法者大量使用"国家保护""国家保障""国家采取措施加强和发展""国家鼓励"等观念宣示的用语，但"国家"的外延却并未明确。如《残疾人保障法》第 21 条第 1 款中规定的是"国家"——"国家保障残疾人享有平等接受教育的权利"；第 52 条第 1 款中使用的则是"国家和社会"——"国家和社会应当采取措施，逐步完善无障碍设施，推进信息交流无障碍，为残疾人平等参与社会生活创造无障碍环境"；而《妇女权益保障法》第 21 条中则具体化为"国家机关、社会团体和企业事业单位"，第 4 条则在"国家机关、社会团体、企业事业单位"之后加上了"城乡基层群众性自治组织"。实际上，国家作为一个抽象的政治实体，一般只在国际法上承担责任。立法中将"国家"作为主体，可作多维的理解：或指国家，或指政府，或指公民，或指人民。上述条文中国家的范围究竟为何并不明确。而且，国家机关与国家机构的概念使用也颇为混乱。《宪法》中第三章使用"国家机构"一词概括了全国人民代表大会、国务院、地方各级人民代表大会和地方各级人民政府、人民法院和人民检察院等。《国防法》第二章、《全国人民代表大会议事规则》第四章、《立法法》第 7 条、《民办教育促进法》第 2 条、《民用航空法》第 7 条等采用了同样的用法，《档案法》第 2 条中也据此明确将"国家机构、社会组织以及个人"并列使用。而《老年人权益保障法》第 7 条第 2 款中则采用了"国家机关"的概念，并将其与"社会团体、企业事业单位和其他组织"并列使用。在"中国法律法规信息系统"中进行检索，同样使用"国家机关"的现行有效的"法律及有关问题的决定"共有 115 篇。① 此外，在"中国法律法规信息系统"中查询，共有 175 篇现行有效的"法律及有关问题的决定"使用了"有关部门"一词。② 如《残疾人保障法》第 5 条第 3 款规定："县级以上人民政府负责残疾人工作的机构，负责组织、协调、指导、督促有关部门做好残疾人事业的工作"。本来，一项法律制度的实施可能需要政府间各部门的相互配合，管理机构也可能出现需要改革的情形，这样规定也并非全然没有道

---

① 在"中国法律法规信息系统"中的查询结果，数据统计截至 2013 年 6 月底。

② 数据统计截至 2013 年 6 月底。

理。但在实践中，这样的规定却常常造成部门间的相互推诿，让政府形象大大受损。特别是，在有些制度中，本来已经明确的主管部门在法律中却做了模糊性处理。如《物权法》第75条第2款规定："地方人民政府有关部门应当对设立业主大会和选举业主委员会给予指导和协助。"反观2007年既已出台的《物业管理条例》，早已将有关部门给予了明确，在第10条中规定："同一个物业管理区域内的业主，应当在物业所在地的区、县人民政府房地产行政主管部门或者街道办事处、乡镇人民政府的指导下成立业主大会，并选举产生业主委员会"。对此，为何不能在《物权法》中加以明确呢？

此外，一些抽象名词在使用时未能确定行为的主体，造成意义的模糊。如《社会保险法》第9条："工会依法维护职工的合法权益，有权参与社会保险重大事项的研究，参加社会保险监督委员会，对与职工社会保险权益有关的事项进行监督。"问题是，工会作为一个抽象名词，如何参加事项研究，参加社会保险监督委员会？应当明确工会如何选派代表参加上述活动。其次，一些抽象名词与具体名词混合使用后导致其意义不明。如《民法通则》第104条第1款规定："婚姻、家庭、老人、母亲和儿童受法律保护"。问题是：第一，家庭不是包含了自己的老人、母亲、儿童吗？第二，婚姻怎样才算是受法律保护？婚姻本身即是合法婚姻，不包括同居、临时夫妻等内容，其成立的前提即包括在法定条件内。可见，该条文中同时将抽象的概念和具体的概念并行规定，含义并未明确反而造成不必要的混乱。

2. 词语含义不一

从法的概念的分类来看，包括专业概念和日常概念两种。在权利性条款的规定中，这两种概念均有含义不一的情形出现。首先，让我们来看法律术语。以"原物"一词为例，其在不同的法律文本中：一方面，表示"原来的东西"。如《物权法》第107条中规定，"所有权人或者其他权利人有权追回遗失物。该遗失物通过转让被他人占有的，权利人有权向无处分权人请求损害赔偿，或者自知道或者应当知道受让人之日起二年内向受让人请求返还原物，但受让人通过拍卖或者向具有经营资格的经营者购得该遗失物的，权利人请求返还原物时应当支付受让人所付的费用"；又如《民法通则》第25条规定，"被撤销死亡宣告的人有权请求返还财产。依照继承法取得他的财产的公民或者组织，应当返还原物；原物不存在的，给予适当补偿"。而另一方面，"原物"又被用作"孳息"的对称，指生产收益之物及其权利。例如果树和土地为原物，果实和租金则为孳息。见于《物权法》第243条的规定，"不动产或者动产被占有人占有的，权利人可以请求返还原物及其孳息，但应当支付善意占有人因维护该不动产或者动产支出的必要费用"。其次，日常概念含义不一。日常概念，因为其自身可能存在的开放性结构，极易出现理解上的不同；而对于日常概念的熟悉，也让立法者容易忽视其内涵与外延的一致性，出现外延界定的不同。如"自然资源"一词，《宪法》第9条第1款中规定的是"矿藏、水流、森林、山岭、草原、荒地、滩涂等"；但在《物权法》中，对自然资源的外延界定出现了不同，第48条列举了"森林、山岭、草原、荒地、滩涂等"自然资源，在第46条中新增"海域"、在第49条中新增"野生动植物资源"，① 这些新增内容是否属于自然资源的范畴呢？应予统一为宜。

除概念使用以外，有的词汇本身即具有多重含义，在立法中不仅没能明确，反而皆有运用，导致权利性条款意义的模糊。例如，"等"字有两种用法：第一，表示列举未尽，如数学、语文等课程；第二，列举后煞尾，如北京、上海、广州等三大城市。在法律条款中使用"等"字，到底表示哪一个意义？读者很难从字面得出结论。如《未成年人保护法》第3条第1款规定，"未成年人享有生存权、发展权、受保护权、参与权等权利，国家根据未成年人身心发展特点给予特殊、优先保护，保障未成年人的合法权益不受侵犯"。此处并不清楚未成年人的权利是否已然列举穷尽。又如《物权法》第163条"土地上已设立土地承包经营权、建设用地使用权、宅基地使用权等权利的，未经用益物权人同意，土地所有权人不得设立地役权"，如果按照该法第三编的体例内容来看，"等"字在此处是第二种用法；但如前所述，也有学者理解为第一种用法。鉴于易给读者造成混乱的情况，立法中应慎用"等"字。

3. 连词使用不当

《食品安全法》第10条规定，"任何组织或者个人有权举报食品生产经营中违反本法的行为，有权向有关部门了解食品安全信息，对食品安全

---

① 《物权法》第46条规定，"矿藏、水流、海域属于国家所有"，第49条规定，"法律规定属于国家所有的野生动植物资源，属于国家所有。"

监督管理工作提出意见和建议"。"或者"一词，表示选择关系。"或者"与"或"在用法上的主要区别是："或"只有一个音节，表示选择关系时，连接的前后两个部分音节较少，主要用于词与词之间；而"或者"中由于多了一个表示停顿的"者"字，连接的前后两个部分音节较多，可以连接词、词组或者分句。至于在词与词之间、词组与词组之间，究竟选择用"或"还是"或者"，则取决于词组的长短。在词组较短时，应当用"或"。这种区别不是意义上的，而是节奏上的需要。因此，本条款中如果表示选择，则应当选择"或"。但是，这里的组织和个人并非选择关系，而是两者皆可为举报、了解信息以及提出意见建议的行为，两者并非选择关系，而是兼容关系，应当用"和"或者顿号连接。①

4. 词汇生僻

有的权利性条款在表述中使用了一些生僻的词汇。如《老年人权益保障法》第 37 条规定，"农村老年人不承担义务工和劳动积累工"，但立法并没有明确界定"义务工和劳动积累工"这一类日常生活中并不常使用的词汇。在 2012 年 12 月 28 日进行的修订中这些词汇被从权利性条款中剔除出去，修改为"农村老年人不承担兴办公益事业的筹劳义务"。但在《公路法》第 38 条中，依然存在"农村义务工"的规定——"县、乡级人民政府应当在农村义务工的范围内，按照国家有关规定组织公路两侧的农村居民履行为公路建设和养护提供劳务的义务"；在《防洪法》第 52 条中仍有"农村义务工和劳动积累工"的表述，"有防洪任务的地方各级人民政府应当根据国务院的有关规定，安排一定比例的农村义务工和劳动积累工，用于防洪工程设施的建设、维护"。

5. 政策性词汇

政策性词汇不是法言法语，意义并不明确，被用于权利性条款之中造成了后者实施的困难。如《老年人权益保障法》第 4 条第 2 款中规定的"老有所养、老有所医、老有所为、老有所学、老有所乐"。而且，政策性词汇运用于法律文本中，一个无法回避的现实问题就是一旦政策变化，法律规定就随着"过时"，这就与法律文本的稳定性要求产生了严重冲突。如《妇女权益保障法》第 16 条规定，"学校和有关部门应当执行国家有关规定，保障妇女在入学、升学、毕业分配、授予学位、派出留学等

———

① 宋北平：《法律语言》，中国政法大学出版社 2012 年版，第 30 页。

方面享有与男子平等的权利。学校在录取学生时，除特殊专业外，不得以性别为由拒绝录取女性或者提高对女性的录取标准"。其中，"毕业分配"是政策性用语，早已成为过去式，使得法律规定不够严谨。又如 1996 年颁布实施的《老年人权益保障法》第 41 条中规定："国家应当为老年人参与社会主义物质文明和精神文明建设创造条件"。2002 年党的十六大提出了"政治文明"的概念："不断促进社会主义物质文明、政治文明和精神文明的协调发展，推进中华民族的伟大复兴"；这一概念也被规定在宪法序言中："推动物质文明、政治文明和精神文明协调发展"。这就让法律与宪法、政策出现了相互冲突，势必折损法律的权威性。因而，《老年人权益保障法》的上述规定在 2012 年 12 月 28 日的修订中被删除。但是，同样的问题依然存在于《著作权法》第 1 条[①]、《高等教育法》第 1 条[②]等规定中尚未得到解决。

（二）语句方面不规范

1. 句中暗换主语

有的权利性条款中，主语出现了前后不一的状况，使得条款意义变得混乱，甚至与立法原意截然相反。如《人民法院组织法》第 5 条规定："人民法院审判案件，对于一切公民，不分民族、种族、性别、职业、社会出身、宗教信仰、教育程度、财产状况、居住期限，在适用法律上一律平等，不允许有任何特权"。从现有表达来看，"不允许有任何特权"的主语是"人民法院"，这就与立法者原本要表达的意义——"一切公民"不得有任何特权——背道而驰。又如，《行政许可法》第 5 条第 3 款规定："符合法定条件、标准的，申请人有依法取得行政许可的平等权利，行政机关不得歧视"。"申请人"与"行政机关"在句中分别充当前后两个分句的主语，这一安排让整句话的意义在逻辑上变得模糊，宜改为"对于申请人依照法定条件、标准所取得的行政许可的平等权利，行政机关不得加以歧视"。再如，《妇女权益保障法》第 27 条第 1 款规定："任何单位不得因结婚、怀孕、产假、哺乳等情形，降低女职工的工资，辞退

---

① 《著作权法》第 1 条规定，"为保护文学、艺术和科学作品作者的著作权，以及与著作权有关的权益，鼓励有益于社会主义精神文明、物质文明建设的作品的创作和传播，促进社会主义文化和科学事业的发展与繁荣，根据宪法制定本法"。

② 《高等教育法》第 1 条规定，"为了发展高等教育事业，实施科教兴国战略，促进社会主义物质文明和精神文明建设，根据宪法和教育法，制定本法"。

女职工，单方解除劳动（聘用）合同或者服务协议。但是，女职工要求终止劳动（聘用）合同或者服务协议的除外"。其中，任何单位不得因为怎样的原因而怎样做，从逻辑上讲，这里的原因应当是出自单位自身，因而现在的规定成了单位出现结婚、怀孕等情形，岂不笑话。宜表述为"任何单位不得因妇女出现结婚、怀孕、产假、哺乳等情形，降低女职工的工资，辞退女职工，单方解除劳动（聘用）合同或者服务协议。但是，女职工要求终止劳动（聘用）合同或者服务协议的除外"。

　　2. 句中缺少主语

　　法律条款的目的就在于"教导不同的法律调整对象应该如何行事，从而改变他们原有的不正确行为"①。但是，在我国法律文本中的权利性条款的规定中，却出现了没有主语的情况。如《刑事诉讼法》第6条中规定，"对于一切公民，在适用法律上一律平等，在法律面前，不允许有任何特权"，一切公民被"对于"这一介词所修饰，无法充当句子主语，因而本句中根本没有指明法律主体。又如，《妇女权益保障法》第25条规定，"在晋职、晋级、评定专业技术职务等方面，应当坚持男女平等的原则，不得歧视妇女"，该条文对"谁"不得歧视妇女并没有加以明确。退一步而言，即使在逻辑上指向的是"任何人"，也不能因此将句子主语省略。再如，《物权法》第128条规定，"土地承包经营权人依照农村土地承包法的规定，有权将土地承包经营权采取转包、互换、转让等方式流转。流转的期限不得超过承包期的剩余期限。未经依法批准，不得将承包地用于非农建设"。在本条文中，第一句的主语是土地承包经营权人，第二句的主语是土地流转的期限，而第三句的主语则直接被省略。一般情况下，同一个主语在句中第二次出现时，才做省略处理。这样，就让读者误以为第三句的主语应与第二句相同，但实际应为土地承包经营权人。同样的问题也出现在《就业促进法》第31条的规定中，"农村劳动者进城就业享有与城镇劳动者平等的劳动权利，不得对农村劳动者进城就业设置歧视性限制"。后一个分句与前一个分句并非相同的主语，不是农村劳动者不得给自己设置歧视性限制。到底是谁不得设置限制，是法律、政府，还是用人单位，应当加以明确。

---

　　① ［美］安·赛德曼、罗伯特·鲍勃·赛德曼、那林·阿比斯卡：《立法学：理论与实践》，刘国福等译，中国经济出版社2008年版，第296页。

3. 句子成分赘余

在权利性条款的构建中，立法者有时在本应精简的语句中加入了冗余的成分。第一，词语的叠用。如《合伙企业法》第 8 条规定，"合伙企业及其合伙人的合法财产及其权益受法律保护"。此处，权益即"权利和利益"，又将财产与权益并列，使得表述重复。又如，《老年人权益保障法》第 57 条第 2 款规定，"城市公共交通、公路、铁路、水路和航空客运，应当为老年人提供优待和照顾"。"优待"一词，是指给予良好的待遇，而"照顾"一词本身又是由于某种原因而特别优待，两者词义明显重复。第二，不必要的连接词。如《妇女权益保障法》第 2 条第 1 款规定，"妇女在政治的、经济的、文化的、社会的和家庭的生活等各方面享有同男子平等的权利"，语病就在于"的"字误用导致句子成分赘余。对比《残疾人保障法》第 3 条第 1 款的规定就会一目了然，"残疾人在政治、经济、文化、社会和家庭生活等方面享有同其他公民平等的权利"。第三，逻辑重复。《物权法》第 72 条第 1 款规定，"业主对建筑物专有部分以外的共有部分，享有权利，承担义务。不得以放弃权利不履行义务"，其中，建筑物的专有部分以外不就是共有部分吗，表述重复。又如，《物权法》第 6 条规定，"不动产物权的设立、变更、转让和消灭，应当依照法律规定登记"。问题显而易见，转让行为只是诸多变更行为中的一种。物权变更的原因包括转让、赠与、继承等，这里将"转让"与"变更"并列，在逻辑上发生了重叠。

4. 搭配不当

第一，谓语和宾语搭配不当。如《宪法》第 51 条规定，"中华人民共和国公民在行使自由和权利的时候，不得损害国家的、社会的、集体的利益和其他公民的合法的自由和权利"。其中，"行使自由"的表述并不妥当：如果此处的自由是指由自己做主不受约束，那么不存在自由还要被行使的情形；如果认为此处的自由是指公民在法律规定的范围内自己的意志和活动不受限制的权利，那么自由属于权利的一部分，为什么要作此重复呢？如果想要强调自由权利，应当使用"自由和其他权利"才能保证不会前后意义的重复。又如，《职工带薪年休假条例》第 2 条中规定，"职工在年休假期间享受与正常工作期间相同的工资收入"。"享受……收入"的搭配显然是表意错误，应参照《劳动合同法》第 44 条第 2 项的规定"劳动者开始依法享受基本养老保险待遇的"，将其修改为"享受与正常工作期间相同的工资收入待遇"。

第二，"任何"一词究竟该与"和"还是与"或"搭配使用？《大气污染防治法》第 5 条"任何单位和个人都有保护大气环境的义务，并有权对污染大气环境的单位和个人进行检举和控告"和《道路交通安全法》第 11 条第 3 款"任何单位和个人不得收缴、扣留机动车号牌"均使用了"和"与"任何"来搭配。而同样在《道路交通安全法》中，第 9 条第 3 款却使用了"任何"与"或"的搭配："公安机关交通管理部门以外的任何单位或者个人不得发放机动车号牌或者要求机动车悬挂其他号牌，本法另有规定的除外"。在"中国法律法规信息系统"中查询，现行有效的"法律及有关问题的决定"中使用"任何单位和个人"的法律文本共有 82 篇，而使用"任何单位或者个人"的则有 26 篇之多。① 从词语用法来说，"任何"应当与"或"进行搭配。比如，习近平主席在访问俄罗斯的演讲中使用的"任何国家或集团都再也无法单独主宰世界"②。在《立法技术规范（试行）（一）及其说明》中，第 13.3 条阐明"或者"一词的用法时，所列标准示例即为"任何组织或者个人不得侵占、买卖或者以其他形式非法转让土地"。

第三，"是"与"或者"搭配不当。如《著作权法》第 24 条第 2 款规定许可使用合同包括的内容中，第 2 项"许可使用的权利是专有使用权或者非专有使用权"。"或者"从词义而言，可表示在可供选择的东西、状况或过程中的挑选，如"决定学医或者学法律"；也可表示从两种以上的事物中选择一种，或者两种以上的事物同时存在，如"这个任务可以交给小张或者小李"。但是，前述权利性条款中在选择关系之前使用了"是"字，在搭配上就出现了问题。通常而言，"或者"与"或者"搭配使用，而"是"则与"还是"搭配。例如，"到底是先有鸡还是先有蛋"；又如《第八届全国人民代表大会第一次会议关于国务院机构改革方案的决定》中规定的"国务院各部门无论是保留的，还是新设置的，都要严格定编定员"。而没有所谓"是……或者"一类的搭配。而且，前述权利性条款中的权利规定要么是专有使用权，要么是非专有使用权，不存

---

① 数据统计截至 2013 年 6 月底。

② 习近平：《顺应时代前进潮流　促进世界和平发展——在莫斯科国际关系学院的演讲》，《人民日报》（海外版）2013 年 3 月 25 日第 2 版。

在同时成立的问题。因此，使用"或者"作为连词不妥，应使用"还是"，宜修改为"许可使用的权利是专有使用权还是非专有使用权"。

5. 句中逻辑混乱

第一，句中行为主体规定混乱。《宪法》第134条规定，"各民族公民都有用本民族语言文字进行诉讼的权利。人民法院和人民检察院对于不通晓当地通用的语言文字的诉讼参与人，应当为他们翻译。在少数民族聚居或者多民族共同居住的地区，应当用当地通用的语言进行审理；起诉书、判决书、布告和其他文书应当根据实际需要使用当地通用的一种或者几种文字"。首先，从逻辑上看，最后一句中主语"人民法院"省略，本应是"人民法院应当用当地通用的语言进行审理"，而后面一个分句中的"起诉书"却不在法院的职权范围内，应当由原告、代理人或是检察院来提供。因而本条款陷入了逻辑混乱中。其次，单纯从字面意义来看，《宪法》与《刑事诉讼法》规定的都是"应当为他们翻译"；而《民事诉讼法》和《行政诉讼法》规定的则是"应当……提供翻译"。① 这并不只是表达方式的不同：法院应当为他们翻译，行为主体是法院，即由法院的工作人员为其翻译；而法院应当提供翻译则可以是法院聘请翻译人员为其翻译，从立法者原意来说，前一种表达在逻辑上犯了错误。

第二，表达顺序混乱。如《物权法》第64条规定："私人对其合法的收入、房屋、生活用品、生产工具、原材料等不动产和动产享有所有权"。此处，"合法的收入"属于动产，"房屋"属于不动产，"生活用品、生产工具、原材料"等属于动产。此处将房屋不动产置于动产的不同类型中间，让逻辑变得混乱。应当调整顺序，将"合法的收入"置于"房屋"之后加以表述。

第三，分句间逻辑混乱。以《老年人权益保障法》第71条的规定为例，"国家和社会采取措施，开展适合老年人的群众性文化、体育、娱乐活动，丰富老年人的精神文化生活"。如果国家和社会是统帅后两个并列的分句，则在"开展适合老年人的群众性文化、体育、娱乐活动"之外，还有其他措施来"丰富老年人的精神文化生活"，但为何不予列明？如果

---

① 《民事诉讼法》第11条第3款规定："人民法院应当对不通晓当地民族通用的语言、文字的诉讼参与人提供翻译"。《行政诉讼法》第8条第3款规定，"人民法院应当对不通晓当地民族通用的语言、文字的诉讼参与人提供翻译"。

采取措施和开展活动都是为了丰富老年人的精神文化生活，那么前两个分句与最后一个的关系应是手段与目的的关系，宜表达为"国家和社会采取措施，开展适合老年人的群众性文化、体育、娱乐活动，以丰富老年人的精神文化生活"。又如，《老年人权益保障法》第55条第1款中规定，"老年人因其合法权益受侵害提起诉讼交纳诉讼费确有困难的，可以缓交、减交或者免交"。按照字面意义理解，老年人自己就可以决定缓交、减交或者免交诉讼费用，显然是与立法原意相矛盾的。

第四，前后矛盾。《食品安全法》第61条第1款规定，"食品生产经营企业可以自行对所生产的食品进行检验，也可以委托符合本法规定的食品检验机构进行检验"。这样的表达方式将食品生产经营企业应当检验食品质量的义务与其可以选择自行检验或者委托检验的权利混同在一起，违背了立法者的初衷，应当加以区分："食品生产企业应当自行检验或委托符合本法规定的食品检验机构检验，食品经营企业可以委托符合本法规定的食品检验机构检验。"① 又如，《专利法》第25条规定："对下列各项，不授予专利权：（一）科学发现；（二）智力活动的规则和方法；（三）疾病的诊断和治疗方法；（四）动物和植物品种；（五）用原子核变换方法获得的物质；（六）对平面印刷品的图案、色彩或者二者的结合作出的主要起标识作用的设计。对前款第（四）项所列产品的生产方法，可以依照本法规定授予专利权"。第二款中"对前款第（四）项所列产品的生产方法"是指第一款中规定的动物和植物品种，但是，"产品"只能指"农业或工业生产（加工）出来的成品"，动植物作为自然物种难以称之为产品。

第五，条款之间规制范围不当变化。《教育法》第36条规定，"受教育者在入学、升学、就业等方面依法享有平等权利。学校和有关行政部门应当按照国家有关规定，保障女子在入学、升学、就业、授予学位、派出留学等方面享有同男子平等的权利"。其中，第2款有关男女平等权利的表述比第1款多出了"授予学位、派出留学"的情形，为何不能统一表述？

6. 句式不统一

权利性条款在不同的法律文本中采取了不同的句式结构：第一种，将

---

① 宋北平：《法律语言》，中国政法大学出版社2012年版，第26—27页。

权利主体省略，直接强调权利内容。如《著作权法》第 10 条，"著作权包括下列人身权和财产权……"第二种句式，权利主体加权利内容，如《全国人民代表大会和地方各级人民代表大会代表法》第 3 条规定，"代表享有下列权利……"；《法官法》第 8 条规定，"法官享有下列权利……"；《公务员法》第 13 条规定，"公务员享有下列权利……"；《驻外外交人员法》第 9 条规定，"驻外外交人员享有下列权利……"；《教师法》第 7 条规定"教师享有下列权利……"；等等。第三种句式，在权利内容前增加了限定条件，如《执业医师法》第 21 条规定，"医师在执业活动中享有下列权利……"；《价格法》第 11 条规定，"经营者进行价格活动，享有下列权利……"；《人民调解法》第 23 条规定，"当事人在人民调解活动中享有下列权利……"；等等。

即使在同一法律文本中，权利规定也有不一致的地方，主要表现为"有权"在句中所处位置上的差异。如《宪法》第 16 条第 1 款规定："国有企业在法律规定的范围内有权自主经营"，使用的是"有权"从事何种行为的表达方式。之后第 17 条第 1 款、第 34—36 条、第 41—43 条等则运用了不同的句式："有……权（利）"或"有……自由"。如第 41 条第 1 款中规定："中华人民共和国公民对于任何国家机关和国家工作人员，有提出批评和建议的权利"。两者完全可以统一起来。又如，《安全生产法》第 52 条第 3 款"工会有权依法参加事故调查，向有关部门提出处理意见，并要求追究有关人员的责任"；但国务院颁布的《生产安全事故报告和调查处理条例》第 6 条中则规定为"工会依法参加事故调查处理，有权向有关部门提出处理意见"。前者强调的则是三项不同的权利，分别涉及参加事故调查、提出处理意见和要求追究责任；后者不仅与上位法在相同的内容上使用了不同的表达方式，而且居然省略了工会法定权利的最后一项。

7. 语态表达方面

被动语态的不当使用往往让权利性条款变得意义不明。《外交特权与豁免条例》第 10 条中规定："使馆来往的公文不受侵犯。外交邮袋不得开拆或者扣留"。试问：使馆往来的公文如何不受侵犯？外交邮袋自己怎能开拆或者不得开拆？可见，该条文表面上是用被动语态表达的权利规定，但实际上确是表达为义务性条款。应当修改为"任何人不得侵犯使馆之间往来的公文。外交邮袋不得被开拆或者扣留"。又如，《著作权法》第 33 条第 1 款规定："图书出版者经作者许可，可以对作品修改、删节"，本款如此表述强调的是图书出版者的权利，但是实际突出的应是作者的权利——图书出版者修改、删节作品的前提条件，应表述为"图书出版者未经作者许可，不得对作品修改、删节"，或者"图书出版者应当取得作者许可，对作品修改、删节"。这样才能与第 34 条、第 39 条、第 42 条相互协调。①

（三）相同内容不同表达

1. 权利内容方面

以《公务员法》《法官法》《检察官法》的规定为例，在《公务员法》第 13 条第 3 项中规定公务员有权"获得工资报酬，享受福利、保险待遇"，而《法官法》《检察官法》则规定为"获得劳动报酬"。劳动报酬与工资报酬在法律上并非同一概念，根据 1994 年劳动部办公厅印发的《关于〈劳动法〉若干条文的说明》第 50 条的规定则表明工资是以"货币形式"发放的，排除发放实物、发放有价证券等形式；而该说明第 3 条规定，劳动报酬是指劳动者从用人单位得到的全部工资收入。在学理上，一般认为劳动报酬是广义的工资概念，包括货币工资（狭义工资）、实物报酬、社会保险公积金等。② 这样，公务人员的报酬权的内容就产生了歧义。不仅如此，如果认定劳动报酬包含社会保险公积金，那么，又与上述条款中后半段规定的"享受保险、福利待遇"构成表述上的重复。最后，《公务员法》中第 13 条第 7 项规定的有权"申请辞职"与《法官法》《检察官法》中规定的有权"辞职"，应当进行统一表述。

2. 词汇方面

（1）同、与

同样是规定男女平等权利，《宪法》第 48 条第 1 款使用了"同"字："中华人民共和国妇女在政治的、经济的、文化的、社会的和家庭的生活等各方面享有同男子平等的权利"。而《妇女权益保障法》第 9 条、《劳动法》第 13 条则使用"与"字：前者规定"国家保障妇女享有与男子平

---

① 《著作权法》第 34 条规定，"出版改编、翻译、注释、整理、汇编已有作品而产生的作品，应当取得改编、翻译、注释、整理、汇编作品的著作权人和原作品的著作权人许可，并支付报酬"；第 39 条规定，"录音录像制作者使用他人作品制作录音录像制品，应当取得著作权人许可，并支付报酬"；第 42 条规定，"广播电台、电视台播放他人未发表的作品，应当取得著作权人许可，并支付报酬"。

② 王全兴：《劳动法学》，高等教育出版社 2003 年版，第 258 页。

等的政治权利"，后者规定"妇女享有与男子平等的就业权利"。

（2）赔偿请求、赔偿要求

赔偿究竟是请求还是要求？在《民用航空法》第18条规定中使用的是"请求"："民用航空器优先权，是指债权人依照本法第十九条规定，向民用航空器所有人、承租人提出赔偿请求，对产生该赔偿请求的民用航空器具有优先受偿的权利"。而《职业病防治法》第52条，"职业病病人除依法享有工伤社会保险外，依照有关民事法律，尚有获得赔偿的权利的，有权向用人单位提出赔偿要求"；以及《邮政法》第49条第3款，"用户在本条第一款规定的查询期限内未向邮政企业查询又未提出赔偿要求的，邮政企业不再承担赔偿责任"规定中，使用的则是"要求"一词。

（3）批评、检举、控告，批评、检举和控告

《安全生产法》第46条第1款中规定："从业人员有权对本单位安全生产工作中存在的问题提出批评、检举、控告"。而《煤炭法》第42条中规定则是"企业行政方面拒不处理的，工会有权提出批评、检举和控告"。

（4）工伤保险、工伤社会保险

《安全生产法》第48条，"因生产安全事故受到损害的从业人员，除依法享有工伤社会保险外，依照有关民事法律尚有获得赔偿的权利的，有权向本单位提出赔偿要求"，规定的是"工伤社会保险"。而《社会保险法》第四章统一使用"工伤保险"的表达方式。

（5）任何组织或者个人、任何个人或者组织

《社会保险法》第82条第1款规定："任何组织或者个人有权对违反社会保险法律、法规的行为进行举报、投诉"，使用的是"任何组织或者个人"。而在《人民警察法》第7条中则出现了"任何个人或者组织"的表达方式："公安机关的人民警察对违反治安管理或者其他公安行政管理法律、法规的个人或者组织，依法可以实施行政强制措施、行政处罚"。

（6）为、为了

《收养法》第1条"为保护合法的收养关系，维护收养关系当事人的权利，制定本法"中使用了"为"做介词引导目的状语；而《妇女权益保障法》第1条"为了保障妇女的合法权益，促进男女平等，充分发挥妇女在社会主义现代化建设中的作用，根据宪法和我国的实际情况，制定本法"中则使用了"为了"一词。实际上，"为"做介词使用，表示目的时与"为了"是同一含义，为什么不在法律中进行统一规定呢？

（7）大众传媒、大众传播媒介、公众传播媒体

《妇女权益保障法》第42条中使用了"大众传播媒介"一词："妇女的名誉权、荣誉权、隐私权、肖像权等人格权受法律保护。禁止用侮辱、诽谤等方式损害妇女的人格尊严。禁止通过大众传播媒介或者其他方式贬低损害妇女人格"。《消费者权益保护法》第6条第3款、《残疾人保障法》第3条第3款、《药品管理法》第60条第2款、《广告法》第13条第2款均使用同一词汇。但是，《计划生育法》在第13条第2款中却使用了"大众传媒"一词："大众传媒负有开展人口与计划生育的社会公益性宣传的义务"。《证券投资基金法》第92条则使用了"公众传播媒体"："非公开募集基金，不得向合格投资者之外的单位和个人募集资金，不得通过报刊、电台、电视台、互联网等公众传播媒体或者讲座、报告会、分析会等方式向不特定对象宣传推介"。此外，还有网络传媒、新闻媒体等用法。见于《国防动员法》第62条第2款，"新闻出版、广播影视和网络传媒等单位，应当按照国防动员的要求做好宣传教育和相关工作"；《精神卫生法》第22条，"国家鼓励和支持新闻媒体、社会组织开展精神卫生的公益性宣传，普及精神卫生知识，引导公众关注心理健康，预防精神障碍的发生"。

（8）其他、其它

使用"其它"一词的"法律及有关问题的决定"，包括《中外合资经营企业法》第1条、第2条第1款、第9条第1款、第12条；① 《全国人民代表大会常务委员会关于根据〈中华人民共和国澳门特别行政区基本法〉第一百四十五条处理澳门原有法律的决定》附件四中第1项；② 《全

---

① 《中外合资经营企业法》第1条规定，"中华人民共和国为了扩大国际经济合作和技术交流，允许外国公司、企业和其它经济组织或个人（以下简称外国合营者），按照平等互利的原则，经中国政府批准，在中华人民共和国境内，同中国的公司、企业或其它经济组织（以下简称中国合营者）共同举办合营企业"；第2条第1款规定，"中国政府依法保护外国合营者按照经中国政府批准的协议、合同、章程在合营企业的投资、应分得的利润和其它合法权益"；第9条第1款规定，"合营企业应凭营业执照在国家外汇管理机关允许经营外汇业务的银行或其它金融机构开立外汇账户"；第12条规定，"合营企业的外籍职工的工资收入和其它正当收入，按中华人民共和国税法缴纳个人所得税后，可按外汇管理条例汇往国外"。

② 该条规定："任何提及'葡萄牙'、'葡国'、'葡国政府'、'共和国'、'共和国总统'、'共和国政府'、'政府部长'等相类似名称或词句的条款，如该条款内容涉及《基本法》所规定的中央管理的事务和中央与澳门特别行政区的关系，则该等名称或词句应相应地解释为中国、中央或国家其它主管机关，其它情况下应解释为澳门特别行政区政府"。

国人民代表大会组织法》第 18 条;① 《国籍法》第 7 条、第 10 条;② 《第
七届全国人民代表大会第一次会议关于国务院机构改革方案的决定》第
四部分第 5 条。③ 而使用"其他"一词的现行有效的"法律及有关问题的
决定"则多达 325 篇。④

（9）按照法律、依照法律

《法院组织法》第 11 条第 2 款使用了"按照法律"规定："地方各级
人民法院第一审案件的判决和裁定，当事人可以按照法律规定的程序向上
一级人民法院上诉，人民检察院可以按照法律规定的程序向上一级人民法
院抗诉"。而《澳门特别行政区基本法》第 33 条中则使用了"依照法
律"："澳门居民有旅行和出入境的自由，有依照法律取得各种旅行证件
的权利"。

（10）可以获得的利益、可得利益

《合同法》第 113 条中规定的是"可以获得的利益"："当事人一方不
履行合同义务或者履行合同义务不符合约定，给对方造成损失的，损失赔
偿额应当相当于因违约所造成的损失，包括合同履行后可以获得的利
益"。而《农业法》第 76 条、《种子法》第 41 条第 1 款中规定的则是
"可得利益"：前者规定，"农业生产资料使用者因生产资料质量问题遭受
损失的，出售该生产资料的经营者应当予以赔偿，赔偿额包括购货价款、
有关费用和可得利益损失"；后者规定，"种子使用者因种子质量问题遭
受损失的，出售种子的经营者应当予以赔偿，赔偿额包括购种价款、有关
费用和可得利益损失"。

（11）为由、为理由

《妇女权益保障法》在第 16 条、第 23 条、第 27 条、第 33 条、第 55
条中使用"为由"。如第 16 条规定，"学校和有关部门应当执行国家有关

① 该条规定："全国人民代表大会会议进行选举和通过议案，由主席团决定采用无记名投
票方式或者举手表决方式或者其它方式"。

② 《国籍法》第 7 条规定，"外国人或无国籍人，愿意遵守中国宪法和法律，并具有下列条
件之一的，可以经申请批准加入中国国籍：一、中国人的近亲属；二、定居在中国的；三、有其
它正当理由"；第 10 条规定，"中国公民具有下列条件之一的，可以经申请批准退出中国国籍：
一、外国人的近亲属；二、定居在外国的；三、有其它正当理由"。

③ 其中规定"煤炭部撤销后，除东北内蒙煤矿公司外，拟将其它统配矿组成中国统配煤矿
总公司"。

④ 数据统计截至 2013 年 6 月底。

规定，保障妇女在入学、升学、毕业分配、授予学位、派出留学等方面享有与男子平等的权利。学校在录取学生时，除特殊专业外，不得以性别为由拒绝录取女性或者提高对女性的录取标准"。《收养法》第19条却使用"为理由"："送养人不得以送养子女为理由违反计划生育的规定再生育子女"。

（12）不受歧视、不受到歧视

我国现有权利性条款中，不受歧视的表达方式分为三种：第一种，突出强调法定禁止范围，使用"不因……而受歧视"的表达方式。如《就业促进法》第3条第2款规定，"劳动者就业，不因民族、种族、性别、宗教信仰等不同而受歧视"；《禁毒法》第52条、《劳动法》第12条采用了同样表达。第二，同样是强调禁止范围，但使用了"不因……而受到歧视"。如《澳门特别行政区基本法》第25条规定："澳门居民在法律面前一律平等，不因国籍、血统、种族、性别、语言、宗教、政治或思想信仰、文化程度、经济状况或社会条件而受到歧视"。第三，强调不受歧视的特殊主体。如《未成年人保护法》第57条第3款规定："解除羁押、服刑期满的未成年人的复学、升学、就业不受歧视"。前两种表达方式的区别在于一个"到"字，完全可以统一规定。而第三种表达方式则出现了主语使用不当的错误：立法者要表达的不是"复学、升学、就业"不受歧视，而是"解除羁押、服刑期满的未成年人"在复学、升学、就业方面不受歧视。

（13）驾驶人、驾驶员、司机

《道路交通安全法》中，通篇使用的是"驾驶人"的概念，如第24条第2款规定为"对遵守道路交通安全法律、法规，在一年内无累积记分的机动车驾驶人，可以延长机动车驾驶证的审验期。具体办法由国务院公安部门规定"。而在《海商法》《民用航空法》中使用的是"驾驶员"的概念。如《民用航空法》第43条第1款规定："民用航空器机组由机长和其他空勤人员组成。机长应当由具有独立驾驶该型号民用航空器的技术和经验的驾驶员担任"。在《铁路交通事故应急救援规则》《国家认定企业技术中心管理办法》等现行有效的16篇部委规章中，则使用了"司机"一词。①

---

① 数据统计截至2013年6月底。

（14）兜底规定不统一

《科学技术进步法》第43条第5项、《农村土地承包法》第13条第4项规定的都是"法律、行政法规规定的其他权利"；而《驻外外交人员法》第9条第5项、《公务员法》第13条第8项则是"法律规定的其他权利"。

（15）权利救济方式规定的混乱

权利受到侵害时，救济方式的列举规定也有不一致的地方。如《物权法》第32条明确了四种救济途径："物权受到侵害的，权利人可以通过和解、调解、仲裁、诉讼等途径解决"。而《劳动法》第77条中没有列明"和解"，而是改为"协商"："用人单位与劳动者发生劳动争议，当事人可以依法申请调解、仲裁、提起诉讼，也可以协商解决"。《残疾人保障法》第60条的规定则列明不同救济方式的主体："残疾人的合法权益受到侵害的，有权要求有关部门依法处理，或者依法向仲裁机构申请仲裁，或者依法向人民法院提起诉讼"。也有强调救济方式的先后顺序的，如《农村土地承包经营纠纷调解仲裁法》第4条规定："当事人和解、调解不成或者不愿和解、调解的，可以向农村土地承包仲裁委员会申请仲裁，也可以直接向人民法院起诉"。

（四）近似表达却不同含义

"机动车"，见于《物权法》第24条的规定中："船舶、航空器和机动车等物权的设立、变更、转让和消灭，未经登记，不得对抗善意第三人"。这一词汇在《道路交通安全法》《刑法》《车船税法》《侵权责任法》《循环经济促进法》《物权法》《治安管理处罚法》《固体废物污染环境防治法》《公路法》《大气污染防治法》10部法律文本中得到使用。值得注意的是，该词汇在《道路交通安全法》整部法律文本之中使用了293次，但偏偏在第99条第1款第8项出现了不同规定——"机动车辆"。①使用"机动车辆"一词的现行法律还有另外两部，分别是《环境噪声污染防治法》和《草原法》。其中，《环境噪声污染防治法》"第五章交通运输噪声污染防治"第31条至第40条中通篇使用的都是"机动车辆"

---

① 《道路交通安全法》第99条第1款中规定，"有下列行为之一的，由公安机关交通管理部门处二百元以上二千元以下罚款：……（八）非法拦截、扣留机动车辆，不听劝阻，造成交通严重阻塞或者较大财产损失的"。

一词；《草原法》第 55 条、第 70 条也使用了"机动车辆"而非"机动车"的概念。这两个一字之差的词汇在意义上是否相同呢？根据《环境噪声污染防治法》附则中第 63 条用语含义的规定，"机动车辆"被界定为指汽车和摩托车；而《道路交通安全法》则规定了不同的分类方式，附则中第 119 条规定，"（二）'车辆'，是指机动车和非机动车；（三）'机动车'，是指以动力装置驱动或者牵引，上道路行驶的供人员乘用或者用于运送物品以及进行工程专项作业的轮式车辆。（四）'非机动车'，是指以人力或者畜力驱动，上道路行驶的交通工具，以及虽有动力装置驱动但设计最高时速、空车质量、外形尺寸符合有关国家标准的残疾人机动轮椅车、电动自行车等交通工具"。在后者的规定中，摩托车是属于机动车还是非机动车的归类并不明确；而且，车辆的范围显然大于前者，比前者增加了非机动车的类型。

（五）错别字词

《人民警察法》第 13 条规定："公安机关的人民警察因履行职责的紧急需要、经出示相应证件，可以优先乘坐公共交通工具，遇交通阻碍时，优先通行。公安机关因侦查犯罪的需要，必要时，按照国家有关规定，可以优先使用机关、团体、企业事业组织和个人的交通工具、通信工具、场地和建筑物，用后应当及时归还，并支付适当费用；造成损失的，应当赔偿"。此处，警察优先使用权的规定中，"通信工具"是错别字，应当是"通讯工具"。"通信"一般指相互之间交换信件或是用书信反映情况，此处是指警察办案要优先通信吗？未必。该条文的限定条件是"紧急需要"的情况下，使用的应当是通讯设备。因为"通讯"正包含这一含义：利用电讯设备传送消息或音讯，有时指来回地传送。正如《治安管理处罚法》第 68 条的规定"制作、运输、复制、出售、出租淫秽的书刊、图片、影片、音像制品等淫秽物品或者利用计算机信息网络、电话以及其他通讯工具传播淫秽信息的，处十日以上十五日以下拘留，可以并处三千元以下罚款；情节较轻的，处五日以下拘留或者五百元以下罚款"，使用的是"通讯工具"。

（六）标点符号使用错误

1. 顿号使用错误

顿号被错误地加入了"公婆"之间。如《妇女权益保障法》第 35 条的规定，"丧偶妇女对公、婆尽了主要赡养义务的，作为公、婆的第一顺序法定继承人，其继承权不受子女代位继承的影响"；又如《继承法》第12条规定，"丧偶儿媳对公、婆，丧偶女婿对岳父、岳母，尽了主要赡养义务的，作为第一顺序继承人"。现代汉语中，公婆作为一个词语来出现，因而无须加入顿号。此处无端多出一个顿号的原因可能就是为了对应岳父、岳母，或是为了强调公婆的其中一方，可以表述为"公公、婆婆"，但绝不能犯下乱用标点符号的错误。

此外，《公务员法》第13条规定："公务员享有下列权利：……（二）非因法定事由、非经法定程序，不被免职、降职、辞退或者处分"。顿号在《国家标准标点符号用法》的规定中，表示"句子内部并列词语之间的停顿"。并列词语之间既可以是选择关系，也可以是并列关系。前述条款前半句中"非因法定事由、非经法定程序"是并列的前置条件；而后半句中顿号连接的部分之间则是选择关系。同一标点在句中意义表示不统一，将给读者造成不必要的混乱。

2. 逗号使用错误

2012年12月28日修订前的《老年人权益保障法》第19条第1款规定："老年人有权依法处分个人的财产，子女或者其他亲属不得干涉，不得强行索取老年人的财物"。老年人和子女分别作为主语的两个句子，因为逗号的使用，各自失去了独立性，整段话层次不清。而就在该法第18条第1款相同的句式表达中，正确地使用了句号："老年人的婚姻自由受法律保护。子女或者其他亲属不得干涉老年人离婚、再婚及婚后的生活"。修订后的《老年人权益保障法》在第22条依然出现了逗号的误用："老年人对个人的财产，依法享有占有、使用、收益和处分的权利，子女或者其他亲属不得干涉，不得以窃取、骗取、强行索取等方式侵犯老年人的财产权益"。此处，子女前的逗号应当改为句号。

四　性别平等用语问题

权利性条款中使用人称代词的情况并不罕见。如《预防未成年人犯罪法》第36条第2款中规定："家庭、学校应当关心、爱护在工读学校就读的未成年人，尊重他们的人格尊严，不得体罚、虐待和歧视"。从立法本意来看，这里的"他们"并非只是指代男性未成年人，也应当包括女性未成年人。据笔者统计，共有23篇法律文本使用"他们"作为人称代词，却没有一件使用"她"或者"她们"。① 再以现行有效的部委规章为例，共有102篇使用"他们"，却仅有2篇用到了"她们"，分别是：《企业职工生育保险试行办法》第1条，"为了维护企业女职工的合法权益，保障她们在生育期间得到必要的经济补偿和医疗保健，均衡企业间生育保险费用的负担，根据有关法律、法规的规定，制定本办法"；《铁路乘车证管理办法》第21条，"二、未婚职工利用探望父母的假期到未婚夫（妻）或他（她）们的父母所在地结婚，经领导批准，可填发其本人工作地至结婚地点的探亲乘车证"。问题在于，在"他""他们"的指代中包含女性的做法，以及不同人称代词在使用上的数量差异，是否会给人留下立法中男女不平等的印象呢？

表7-2　　　　　使用"他们"的法律文本一览表（共计23篇）②

《宪法》	第23条"国家培养为社会主义服务的各种专业人才，扩大知识分子的队伍，创造条件，充分发挥他们在社会主义现代化建设中的作用"，以及第102条、第134条
《澳门特别行政区基本法》	第42条"在澳门的葡萄牙后裔居民的利益依法受澳门特别行政区的保护，他们的习俗和文化传统应受尊重"，以及第98条
《香港特别行政区基本法》	第93条第2款"对退休或符合规定离职的法官和其他司法人员，包括香港特别行政区成立前已退休或离职者，不论其所属国籍或居住地点，香港特别行政区政府按不低于原来的标准，向他们或其家属支付应得的退休金、酬金、津贴和福利费"，以及第102条
《刑事诉讼法》	第9条"各民族公民都有用本民族语言文字进行诉讼的权利。人民法院、人民检察院和公安机关对于不通晓当地通用的语言文字的诉讼参与人，应当为他们翻译"，以及第28条、第29条、第41条、第50条、第216条
《全国人民代表大会和地方各级人民代表大会代表法》	第4条"代表应当履行下列义务"与第5项"原选区选民或者原选举单位和人民群众保持密切联系，听取和反映他们的意见和要求，努力为人民服务"
《民事诉讼法》	第3条第1款"人民法院受理公民之间、法人之间、其他组织之间以及他们相互之间因财产关系和人身关系提起的民事诉讼，适用本法的规定"，以及第45条

① 统计时间截至2013年6月30日。

② 修改前的《老年人权益保障法》第40条规定，"国家和社会应当重视、珍惜老年人的知识、技能和革命、建设经验，尊重他们的优良品德，发挥老年人的专长和作用"。该条款在2012年12月28日已修订为"国家和社会应当重视、珍惜老年人的知识、技能、经验和优良品德，发挥老年人的专长和作用，保障老年人参与经济、政治、文化和社会生活"。

《未成年人保护法》	第14条"父母或者其他监护人应当根据未成年人的年龄和智力发展状况，在作出与未成年人权益有关的决定时告知其本人，并听取他们的意见"，以及第19条
《人民法院组织法》	第6条"各民族公民都有用本民族语言文字进行诉讼的权利。人民法院对于不通晓当地通用的语言文字的当事人，应当为他们翻译。在少数民族聚居或者多民族杂居的地区，人民法院应当用当地通用的语言进行审讯，用当地通用的文字发布判决书、布告和其他文件"
《治安管理处罚法》	第81条中规定："人民警察在办理治安案件过程中，遇有下列情形之一的，应当回避；违反治安管理行为人、被侵害人或者其法定代理人也有权要求他们回避……"
《农业法》	第51条第3款"各级人民政府应当采取措施，按照国家规定保障和改善从事农业技术推广工作的专业科技人员的工作条件、工资待遇和生活条件，鼓励他们为农业服务"
《民族区域自治法》	第22条第1款"民族自治地方的自治机关根据社会主义建设的需要，采取各种措施从当地民族中大量培养各级干部、各种科学技术、经营管理等专业人才和技术工人，充分发挥他们的作用，并且注意在少数民族妇女中培养各级干部和各种专业技术人才"，以及第47条、第48条、第51条、第52条、第70条、第71条
《海事诉讼特别程序法》	第10条"海事法院与地方人民法院之间因管辖权发生争议，由争议双方协商解决；协商解决不了的，报请他们的共同上级人民法院指定管辖"
《预防未成年人犯罪法》	第36条第2款"家庭、学校应当关心、爱护在工读学校就读的未成年人，尊重他们的人格尊严，不得体罚、虐待和歧视。工读学校毕业的未成年人在升学、就业等方面，同普通学校毕业的学生享有同等的权利，任何单位和个人不得歧视"
《刑法》	第25条第2款"二人以上共同过失犯罪，不以共同犯罪论处；应当负刑事责任的，按照他们所犯的罪分别处罚"
《国防法》	第33条"国家采取必要措施，培养和造就国防科学技术人才，创造有利的环境和条件，充分发挥他们的作用"
《档案法》	第21条"向档案馆移交、捐赠、寄存档案的单位和个人，对其档案享有优先利用权，并可对其档案中不宜向社会开放的部分提出限制利用的意见，档案馆应当维护他们的合法权益"
《民用航空法》	第131条"有关航空运输中发生的损失的诉讼，不论其根据如何，只能依照本法规定的条件和赔偿责任限额提出，但是不妨碍谁有权提起诉讼以及他们各自的权利"，以及第142条、第164条
《人民警察法》	第45条中规定："人民警察在办理治安案件过程中，遇有下列情形之一的，应当回避，当事人或者其法定代理人也有权要求他们回避……"
《农业技术推广法》	第15条第3款"农业科研单位和有关学校的科技人员从事农业技术推广工作的，在评定职称时，应当将他们从事农业技术推广工作的实绩作为考核的重要内容"，以及第21条、第24条
《海商法》	第51条第1款第8项"托运人、货物所有人或者他们的代理人的行为"，以及第64条、第124条、第205条、第212条

《领事特权与豁免条例》	第4条"领馆馆舍不受侵犯。中国国家工作人员进入领馆馆舍，须经领馆馆长或者派遣国使馆馆长或者他们两人中一人授权的人员同意。遇有火灾或者其他灾害须迅速采取保护行动时，可以推定领馆馆长已经同意。中国有关机关应当采取适当措施保护领馆馆舍免受侵犯或者损害"
《城市居民委员会组织法》	第18条"依照法律被剥夺政治权利的人编入居民小组，居民委员会应当对他们进行监督和教育"，以及第19条
《继承法》	第14条"对继承人以外的依靠被继承人扶养的缺乏劳动能力又没有生活来源的人，或者继承人以外的对被继承人扶养较多的人，可以分给他们适当的遗产"

第八章

权利性条款形式理性规范化进路

权利性条款是为广大人民群众所写、所用，因此不仅需要书写正确、合乎语法，还需要避免歧义、能够将立法者原本要表达的意义无阻碍地传递到法律受众之间。

第一节　权利性条款构造体系的规范化

一　权利立法名称规范化

在权利与"保护"和"保障"等动词的搭配方面，"保护"一词是指爱护使免受可能遇到的伤害、破坏或有害的影响，如保护视力。因而如果单指特殊群体，宜用"保护"一词，如未成年人保护法、消费者保护法、归侨侨眷保护法等。而"保障"作动词有两种含义：其一指保护（权利、生命、财产等）不受侵害，如保障国家安全；其二是指确保、保证做到，如保障人民言论自由。因而"保障"与权益连用，强调的是确保的意味，如消费者权益保障法、归侨侨眷权益保障法等。对此，立法应加以统一规定。

二　法律权利体系规范化

一项法案的结构体系与它的施行效果是紧密联系在一起的。一项法律文本结构体系的缺陷，"往往是导致不良草拟的重要原因"，"许多起草者都会在这一点上犯错"，"大多数法律工作者都熟知某个法案提纲的功能，但是在实践当中他们往往低估了它的实际用途"。[①] 对法律文本而言，结构

---

① ［美］安·赛德曼、罗伯特·鲍勃·赛德曼、那林·阿比斯卡：《立法学：理论与实践》，刘国福等译，中国经济出版社 2008 年版，第 263 页。

体系必须能够反映其内在逻辑。"一部法律的结构越清晰，越具有逻辑性，其也就越具有可及性，从而也就越能发挥作用。"① 前述《物权法》在体系上的混乱难免给法律受众造成不必要的麻烦。如《物权法》第65条第2款中规定的"继承权及其他合法权益"，实际上是属于"第五章国家所有权和集体所有权、私人所有权"中"私人所有权"中的一部分。该章中第64条规定的是"私人对其合法的收入、房屋、生活用品、生产工具、原材料等不动产和动产享有所有权"；第65条第1款规定的是"私人合法的储蓄、投资及其收益受法律保护"，可见，这两个条文都是对私人的私有财产权的规定。在权利性条款的关系上，两者实际上是根据收入来源所作的区分。但是，继承权本身在《宪法》第13条"国家依照法律规定保护公民的私有财产权和继承权"和《继承法》中依然得到了规定，为什么要在这里画蛇添足呢？再从个别章节的体系来看，第三编"用益物权"的规定，既然法律明定动产不被包含在内，那么第117条应当将相关动产内容删除；② 鉴于遗失物返还程序等非涉及所有权取得的内容，应将第九章的题名"所有权取得的特别规定"更改为"所有权的特别规定"为宜。

第二节　权利性条款规定内容的规范化

一　标志词使用的规范化

（一）权利与权益用法的规范化

权利与权益同时大量使用是否存在问题？在我国香港地区的法律文本中，权益一词一般用来指代利益，即 interest。如《受托人条例》第2条"释义"中"待确定权利"（contingent right）："在应用于土地方面，包括待确定的权益或未来有效的权益、附有权益的不确定权，不论有关的馈赠对象或权益的限制或不确定权是否已确定；此外亦包括实时的或未来的、既得的或待确定的收地权"，其英文版为"contingent right"as applied to

---

① 可及性，是指法律的使用者能够轻易找到所需法律条款的位置。［美］安·赛德曼、罗伯特·鲍勃·赛德曼、那林·阿比斯卡：《立法学：理论与实践》，刘国福等译，中国经济出版社2008年版，第263—264页。

② 该条规定："用益物权人对他人所有的不动产或者动产，依法享有占有、使用和收益的权利。"

land includes a contingent or executory interest, a possibility coupled with an interest, whether the object of the gift or limitation of the interest or possibility is or is not ascertained, also a right of entry, whether immediate or future, and whether vested or contingent。可见，该条文中所称权益在英文表述时实际上就是指利益（interest）。在我国现行法律文本中，宪法中将权利和利益并列使用；而对权益的界定仅出现在《侵权行为法》第2条第2款："本法所称民事权益，包括生命权、健康权、姓名权、名誉权、荣誉权、肖像权、隐私权、婚姻自主权、监护权、所有权、用益物权、担保物权、著作权、专利权、商标专用权、发现权、股权、继承权等人身、财产权益"。可见，立法中并未将权益明确与权利区分开来。从法学理论来看，法律权利被界定为"规定或隐含在法律规范中，实现于法律关系中的，主体以相对自由的作为或不作为的方式获得利益的一种手段"，[①]权利与利益也有着千丝万缕的联系。因此，在强调法律调整对象的利益内容时可以表述为权益。但是，既然权益一词被用来指代法律规定的权利和利益，法律文本中"合法的权利和利益"的表述显然重复，宜直接表述为"权利和利益"为宜。另外，法律文本中既有表述为"权利和利益"的条款，又有表述为"权益"的条款，应当加以规范，统一按照《宪法》中的"权利和利益"作为标准格式加以规定。

再者，利益转让的用法并不严谨，对于《电子签名法》第3条中"涉及土地、房屋等不动产权益转让的"、《企业破产法》第69条中"涉及土地、房屋等不动产权益的转让"等规定，不应再使用权益与转让进行搭配，而统一更改为权利转让。

（二）标志性动词使用的规范化

权利性条款中，省略"有权"的表达方式，实际上将法律给予权利主体实现权利的可能性转换为一种既成事实的表达。如《社会保险法》第45条规定："失业人员符合下列条件的，从失业保险基金中领取失业保险金……"本来，该条款是要说明失业人员享有的领取失业保险金的权利受到法律保护，每个人都可以获得这样的待遇，但现在这样的表述却转换成了已完成的行为。因此，权利性条款中的动词不宜省略。此外，"可以"一词的使用，要避免在"可以"之后的并列结构中出现"以……

① 张文显：《法理学》（第3版），高等教育出版社2007年版，第142页。

方式"的表达。

二　条款构造技术的规范化

如果法律条文"既长且密，又欠缺空白位置，则不但视觉观感欠佳，更会予人难以理解之感"，"条文简短对于中文文本尤为重要，因为中文句子长度增加，其易于理解的程度即急剧下降"。① 对于具有复杂内容的权利性条款，为了使其清楚易懂，应当采取列举的方法来加以明确。列举法可以将长句中极易被忽略的细节问题变得清晰，有助于澄清复杂的法律概念。列举时要遵循以下三个原则：第一，被列举事物应当具有共同的语言特征，如同是名词、动词或者句子。第二，列举法在很大程度上是通过版面编排来方便读者理解。比如，各被列举事物每行单列，句中使用破折号或者分号，以此突出被列举事物与引导词语之间的从属关系。第三，使用列举法时最重要的原则是：引导词语和所列举的每一项事物都应该能独立组成完整的、读者可以理解的句子。② 仍以《劳动法》第3条第1款的规定为例："劳动者享有平等就业和选择职业的权利、取得劳动报酬的权利、休息休假的权利、获得劳动安全卫生保护的权利、接受职业技能培训的权利、享受社会保险和福利的权利、提请劳动争议处理的权利以及法律规定的其他劳动权利"。如果能将劳动者的权利逐项列明，则可以避免谓语动词的不必要重复，也能使读者对权利内容一目了然。宜改写为"劳动者享有下列权利：（一）平等就业和选择职业的权利；（二）取得劳动报酬的权利；（三）获得休息休假的权利；（四）获得劳动安全卫生保护的权利；（五）接受职业技能培训的权利；（六）获得社会保险和福利的权利；（七）提请劳动争议处理的权利；（八）法律规定的其他劳动权利"。

三　表达方式的规范化

（一）用词规范化

1. 严格界定用语含义

无论立法者多么努力地对词语进行界定，都难免在"开放性结构"

① 香港律政司法律草拟科：《香港法律草拟文体及实务指引》，香港政府一站通网（http://www.doj.gov.hk/sc/public/pub20030011.html）。

② ［美］安·赛德曼、罗伯特·鲍勃·赛德曼、那林·阿比斯卡：《立法学：理论与实践》，刘国福等译，中国经济出版社2008年版，第355—359页。

上产生争议。① 比如，"任何人不得在公园内驾驶机动车辆"。但是，公园内常备的垃圾转运车等却可能成为"机动车辆"的例外情形。因此，在立法中，应当避免使用那些本已意义过于宽泛的词汇，如"必要""合理""可能""适合"；另一方面，对于诸如国家、社会这样的抽象词汇，应当在立法中具体明确的界定清楚是国家机关、国家机构、企业事业单位还是其他主体来承担保障主体权利的实现。尤其是实践中出现的国家机关之间相互推诿的情况，与立法中主体规定不明有着不可分割的联系。反观我国台湾地区的立法，对于主体权利的保障，均设定单独条款说明主管机关及其职责权限。如《儿童及少年福利与权益保障法》第7条第2款规定，"主管机关及目的事业主管机关均应办理儿童及少年安全维护及事故伤害防治措施；其权责划分如下：一、主管机关：主管儿童及少年福利政策之规划、推动及监督等相关事宜。二、卫生主管机关：主管妇幼卫生、生育保健、发展迟缓儿童早期医疗、儿童及少年身心健康、医疗、复健及健康保险等相关事宜。三、教育主管机关：主管儿童及少年教育及其经费之补助、特殊教育、幼儿教育、安全教育、家庭教育、中介教育、职涯教育、休闲教育、性别平等教育、社会教育、儿童及少年就学权益之维护及儿童课后照顾服务等相关事宜。四、劳工主管机关：主管年满十五岁或国民中学毕业少年之职业训练、就业准备、就业服务及劳动条件维护等相关事宜。五、建设、工务、消防主管机关：主管儿童及少年福利机构建筑物管理、公共设施、公共安全、建筑物环境、消防安全管理、游乐设施等相关事宜。六、警政主管机关：主管儿童及少年人身安全之维护及触法预防、失踪儿童及少年、无依儿童及少年之父母或监护人之协寻等相关事宜。七、法务主管机关：主管儿童及少年触法预防、矫正与犯罪被害人保护等相关事宜。八、交通主管机关：主管儿童及少年交通安全、幼童专用车检验等相关事宜。九、新闻主管机关：主管儿童及少年阅听权益之维护、出版品及录像节目带分级等相关事宜。十、通讯传播主管机关：主管儿童及少年通讯传播视听权益之维护、内容分级之规划及推动等相关事宜。十一、户政主管机关：主管儿童及少年身份资料及户籍等相关事宜。

---

① 布赖恩·比克斯对哈特在《法律的概念》一书中提出的"开放性结构"提出了批评，认为哈特所主张的让法官从立法记录中发现规则制定者的目标并不可行，因为规则制定者的目标可能是不确定的。参见［美］比克斯《法律、语言与法律的确定性》，邱昭继译，法律出版社2007年版，第20—21页。但笔者认为，这不足以否定"开放性结构"的存在。

十二、财政主管机关：主管儿童及少年福利机构税捐之减免等相关事宜。十三、金融主管机关：主管金融机构对儿童及少年提供财产信托服务之规划、推动及监督等相关事宜。十四、经济主管机关：主管儿童及少年相关商品与非机械游乐设施标准之建立及游戏软件分级等相关事宜。十五、体育主管机关：主管儿童及少年体育活动等相关事宜。十六、文化主管机关：主管儿童及少年文艺活动等相关事宜。十七、其他儿童及少年福利措施，由相关目的事业主管机关依职权办理"。这一规定虽然看上去略显复杂，但是对实践中各行政机关之间的分工却有着明确的指导意义。在加拿大，通常在每一法律文本的开篇中，通常会设有专门的释义（Interpretation）条款和应用（Application）条款，对负责该法律文本实施的国家机关作出规定。如加拿大《平等就业法》中，在第 3 条释义条款中对"Commission""Compliance Officer""Minister""Tribunal"等专门解释含义；而在第 4 条应用条款中专门定明由加拿大财政委员会（Treasury Board）和公共服务委员会（Public Service Commission）负责雇主履行责任。在我国香港特别行政区，专门出台了《释义及通则条例》，对"中央人民政府在香港特别行政区设立的机构""公共机构""国家""部门"等专门作出了界定。如此，方便读者查阅、使用法律规定，也不必再担心被行政机关"踢皮球"。

2. 其他方面

在法律文本的相互协调上下功夫，避免在不同的法律文本之中同一词汇出现不同含义；避免使用产生歧义的词汇，立法应当使词义明确，如有不明之处或与通常用法有异，则应加以说明；对于生僻词汇，如要使用，应当在立法中给出专门说明；对于政策性词汇，由于法律强调稳定性，一经公布，就不能朝令夕改，无法像国家政策一样变动频繁，因而在立法中应当避免政策性词汇的使用。

（二）句式表达规范化

1. 主语

在《立法学：理论与实践》一书中，赛德曼等指出：主语通常应该是实施法案者，但某个法规的获益者并不一定成为该法规句子中的主语。在一项养老金法案中，立法起草者可能有这样的表述："符合（法案）第十九条规定条件而且年满六十五岁的州雇员，必须获得养老金"。这句话看似已说明了"何人"，但是实际上，句子掩盖了真正的主语——句子中并没有明确谁必须支付养老金。这句话其实是经过伪装的被动句，起草者完全可以说州雇员"须被给付"养老金。这个句子的句型掩盖了负责支付养老金的行为者。某人若有获得养老金的权利，意味着他人有支付养老金的义务。因此，这个法案句子最好选择由义务主体来做主语。因而这句话应该为"养老金委员会必须支付养老金给符合（法案）第十九条年满六十五岁的州雇员"。①

我国权利性条款采用被动句式的情况并不鲜见。这一句式是否符合权利立法的需要，应当区分权利宣示和具体权利界定两种情况分别判定。一方面，如果是宪法中表明国家对人民权利进行保障的宣示性条款，则可采用上述被动语态，或使用"国家"这一抽象概念作为义务主体。如《宪法》第 43 条第 1 款规定："中华人民共和国劳动者有休息的权利"。另一方面，在具体的权利界定中，则不宜采用被动句式，而是应当指明权利保障主体。如《建筑法》第 47 条中规定："作业人员有权对影响人身健康的作业程序和作业条件提出改进意见，有权获得安全生产所需的防护用品"。谁来提供这些防护用品呢，是建筑施工企业、工会，还是劳动行政部门来提供？是自掏腰包购买还是无偿获得这些防护用品呢？又如，《消费者权益保护法》第 11 条规定："消费者因购买、使用商品或者接受服务受到人身、财产损害的，享有依法获得赔偿的权利"。这里，并没有说明赔偿的主体是谁，是经营者还是生产者？这一问题被立法者放在该法第六章"争议的解决"中进行了补充规定，但对读者查阅法律而言造成了不必要的障碍。再如，《妇女权益保障法》第 25 条规定："在晋职、晋级、评定专业技术职务等方面，宜坚持男女平等的原则，不得歧视妇女"，应当修改为"用人单位在晋职、晋级、评定专业技术职务等方面，应当坚持男女平等的原则，不得歧视妇女"。

进一步而言，权利性条款的主语必须具备行为能力。常见的错误是立法者在主语前使用了介词加以限定。如《刑事诉讼法》第 6 条中规定："对于一切公民，在适用法律上一律平等，在法律面前，不允许有任何特权"。本应作为主语的"一切公民"被介词"对于"修饰，变成了关涉对象，导致权利主体被掩盖起来。宜修改为"一切公民，在适用法律上一

---

① ［美］安·赛德曼、罗伯特·鲍勃·赛德曼、那林·阿比斯卡：《立法学：理论与实践》，刘国福等译，中国经济出版社 2008 年版，第 301 页。

律平等；在法律面前，不允许有任何特权"。

2. 表达方式

一件法律科学与否、成功与否，固然和立法条件的成熟、立法者的专业水平直接相关，但毋庸置疑也与立法者的语言文字表达密不可分。[①] 表达方式能够刺激推动抑或阻碍压抑读者对法律文本的阅读兴趣。[②] 采取怎样的表达方式，也直接关系到受众能否在法律文本中感受到以人为本、立法为民的立法宗旨。例如，《体育法》第21条规定："学校应当按照国家有关规定，配备合格的体育教师，保障体育教师享受与其工作特点有关的待遇"。学校配备体育教师，其目的并非只是让体育教师享受什么特殊待遇，而是为了大众体育的开展和竞技人才的培养，因此，立法中应当表达的是教学人员应当达到怎样的数量、标准，来保证体育教育的专业水准，来保障学生体育权利的实现。为此，可以考虑将第21条改为两款，第1款规定"学校应当按照国家有关规定，聘任经考试培训合格的体育教师负责体育教学，指导学生科学地开展体育活动"；第2款规定"学校保障体育教师享受与其工作特点有关的待遇，并定期参加专业培训和进修活动"。

3. 其他方面

权利性条款规定中句子冗余成分应予剔除，以保持法律规定的简洁。如"财产"与"权益"、"优待"与"照顾"等不宜并列使用。注重法律条款的逻辑性，避免使用含义范围相互包含的词语作为并列结构——如"转让"与"变更"——以强调语言文字的严谨规范。在句式方面，立法者"应该在立法时说明法律调整对象可以、应该或者不可以做什么事，以及法官在判断调整对象行为的时候所依据的标准是什么"，在权利性条款的构造中，应当根据行为来加以表达。[③] 因此，建议将"有……权（利）"的规定模式统一改为"有权……"如《宪法》第41条第1款中的规定，"中华人民共和国公民对于任何国家机关和国家工作人员，有提出批评和建议的权利"，宜修改为"中华人民共和国公民对于任何国家机

---

① 周旺生：《立法学》（第2版），法律出版社2009年版，第479—480页。

② David C. Elliott, Writing Rules: Structure and Style, http：//www. ciaj-icaj. ca/en/publica-tions/papers-a-articles/legislative-drafting（accessed 30 July 2013）.

③ ［美］安·赛德曼、罗伯特·鲍勃·赛德曼、那林·阿比斯卡：《立法学：理论与实践》，刘国福等译，中国经济出版社2008年版，第310页。

关和国家工作人员，有权提出批评和建议"。

（三）相同内容使用相同表达

当法律规定与宪法不一致时，应当修改法律内容，实现与宪法的统一。如《妇女权益保障法》《劳动法》中使用的"与男子平等的……权利"应当与《宪法》相一致，修改为"同男子平等的……权利"。在部门法之间的表达不一致，应当统一修订。如"赔偿要求""赔偿请求"完全可以统一为"赔偿请求"；而"批评、检举和控告"，"工伤保险"，"任何组织或者个人"，"大众传媒"，"其他""按照法律规定"等按照表达习惯作出统一规定；兜底条款中的法律到底是狭义概念还是广义概念，以及权利救济方式，均应作出统一规定。修改建议详见表8－1。

表8－1　　　　　权利性条款中常见词语混用的规范化

序号	现有用法	宜统一规定为
1	同、与	同
2	赔偿请求、赔偿要求	赔偿请求
3	批评、检举、控告，批评、检举和控告	批评、检举和控告
4	工伤保险、工伤社会保险	工伤保险
5	任何组织或者个人、任何个人或者组织	任何组织或者个人
6	为、为了	为了
7	大众传媒、大众传播媒介、公众传播媒体	大众传媒
8	其他、其它	其他
9	按照法律、依照法律	按照法律
10	可以获得的利益、可得利益	可得利益
11	为由、为理由	为由
12	不受歧视、不受到歧视	不受歧视
13	驾驶人、驾驶员、司机	驾驶人
14	"兜底条款"	法律规定的其他权利
15	"权利救济方式"	通过和解、调解、仲裁、诉讼等途径解决

（四）标点符号的规范化

1. 顿号的使用

根据1996年颁布的《国家标准标点符号用法》（GB/T 15834—1995）（以下简称《用法》）对于顿号的规定，"句子内部并列词语之间的停顿，用顿号"。在《妇女权益保障法》第 35 条和《继承法》第 12 条中规定的"公、婆",实际上,现代汉语将其视为一个词语而不是并列词语。从古汉语《敦煌曲子词·捣练子》"君去前程但努力,不敢放慢向公婆",再到现代汉语词典中明确的意义规定——公公与婆婆,即丈夫的父亲和母亲,公婆之间不应使用顿号。另外,"公婆"除了前述词义,还可以指夫妻双方。如毛泽东在《湖南农民运动考察报告》中使用的"连两公婆吵架的小事,也要到农民协会去解决"。因此,公婆一词应当慎用,宜修改为公公、婆婆。

2. 句号的使用

《用法》第 4.4 条中规定了逗号的四种用法:(1)句子内部主语与谓语之间需停顿时;(2)句子内部动词与宾语之间需停顿时;(3)句子内部状语后边需停顿时;(4)复句内各分句之间的停顿,除了有时要用分号外,都要用逗号。同时,该《用法》第 4.1 条规定,陈述句末尾的停顿,用句号。《老年人权益保障法》第 19 条第 1 款:"老年人有权依法处分个人的财产,子女或者其他亲属不得干涉,不得强行索取老年人的财物",前一个分句显然是单独的陈述句,应当使用句号而不是逗号。

四　性别平等用语规范化

"以往,法例大都使用仅指男性的字词草拟。虽然现时这种草拟方式于法律效力上无损,但基于性别平等及社会包容性等语言方面的考虑","应采用无性别色彩的草拟方式"。[①] 权利性条款中应当避免使用带有性别色彩的人称代词"他(们)""她(们)",因为"性别平等的现代观念早已使'他'指代'她'的做法过时"。[②] 解决的办法有:第一,重复法律的调整对象来指称。如《农业法》第 51 条第 3 款规定:"各级人民政府应当采取措施,按照国家规定保障和改善从事农业技术推广工作的专业科技人员的工作条件、工资待遇和生活条件,鼓励他们为农业服务",应当修改为"鼓励专业科技人员为农业服务"。第二,用"其"代替第三人称代词及其所有格形式——"他(们)的""她(们)的"。如前例也可修

---

① 香港律政司法律草拟科:《香港法律草拟文体及实务指引》,香港政府一站通网(http://www.doj.gov.hk/sc/public/pub20030011.html)。

② [美] 安·赛德曼、罗伯特·鲍勃·赛德曼、那林·阿比斯卡:《立法学:理论与实践》,刘国福等译,中国经济出版社 2008 年版,第 309 页。

改为"鼓励其为农业服务"。这两种办法可以有效地解决法律中因为人称代词而产生的性别歧视问题。以《未成年人保护法》第 14 条为例："父母或者其他监护人应当根据未成年人的年龄和智力发展状况，在作出与未成年人权益有关的决定时告知其本人，并听取他们的意见"。可以按照第一种办法修改为"并听取未成年人的意见"，或者按照第二种办法修改为"并听取其意见"。

余　论

权利本位论者在论述"权利与义务的一致性"时，强调"权利和义务规定数量上的等值关系"，认为"一个社会的权利总量和义务总量是相等的"。但如前所述，除了不同主体之间的权利义务对应关系，权利人在行使权利时仍需履行特定义务。如果这样的理解是正确的，权利本位论者的前述观点自然站不住脚。[①] 笔者想要强调的是，无论权利义务数量是否等值，权利本位的追求并不代表权利性条款在数量上胜过义务性条款。相反，真正将权利视为义务的目的，则应当更为强调义务立法的详尽细致，而不再拘泥于条款数量是多是少。

第一，在权利人的权利和义务人的义务的对应关系之中。首先，宪法权利也好，部门法权利也好，权利的实现都依赖于义务的细化保障。"在特定的情境下，正当行为规则会赋予某些人以权利，并赋予其他一些人以相应的义务。但是，如果行为规则所涉的特定情势并未出现，那么这些规则本身就并不能赋予任何人以得到某种特定东西的权利。一个孩子有食、衣、住的权利，正是因为其父母、监护人或者特定机构有对应的义务。这些权利将不会存在，如果权利是被正当行为规则抽象的确定下来，却并未说明谁需要承担相应义务的特定情境。没有人能够对特定事态享有权利，除非有其他人的义务来确保权利的实现。我们……没有权利让自己的产品或服务找到买主，也没有权利获得特定的商品或服务。……如果在一种权利状况下，并没有人来承担义务，甚至没有人有能力来保障实现一项权利，那么这种讨论是毫无意义的。"[②] 以消费者权利的立法保护为例，美国针对消

---

① 格雷指出，可能存在一项对某人作出某种行为的义务，但不能说此人享有针对此种作为的权利。这也从另一方面提出了对前述权利义务数量一致性的质疑。参见［美］约翰·奇普曼·格雷《法律的性质与渊源》，中国政法大学出版社 2011 年版，第 9 页。

② F. A. Hayek, *Law, Legislation and Liberty*, *Vol. 2 The Mirage of Social Justice*, London：Routledge & Kegan Paul Ltd., 1976, p. 102.

费者的五项权利，以大量的联邦法律和州法律中生产者、经营者义务的规定来保障实施，权利性条款、义务性条款的数量显然不成比例；香港特别行政区也并没有单独的消费者保护法例，而是通过《货品售卖（修订）条例》《商品说明条例》《消费品安全条例》《服务提供（隐含条款）条例》等法律，对制造商、进口商、供应商等主体的义务加以规定来保障消费者的权利；我国台湾地区"消费者保护法"及"施行细则"也是以经营者的义务性条款作为主要内容，即使在第二章"消费者权益"中也并未抽象规定消费者的权利。其次，从权利的可行性来看，个人的权利都是公共产品而不是私人物品，因而权利需要公共成本。① 以投票权为例，权利人行使投票权，他人负有不得干涉的义务，这也就意味着权利人必定享有要求警察保护他不受干涉的要求权，而在秘密投票的地方，他有资格要求官方设置适合的投票站保护其投票秘密和个人隐私。② 因此，一项权利的实现并非只是指向义务人一方，还要涉及政府提供的公共服务，从而意味着多项义务的履行。在立法中强调权利为目的就应当深入细致地强化上述义务规定。

第二，权利人行使权利时自身需要负担义务。在权利人行使权利的过程中，仍需承担特定的义务，立法亟须补上这一课。唯有给权利划定边界，权利本位才不会沦为绝对化的幻念。前已详解，在此仅强调一点，即使不在法律规定之内，权利人在行使权利时的适当注意不仅是对他人负责，更是对自己负责。例如，美国三藩市的《行人安全手册》中特别提醒行人，"如果我们不注意我们周围的'安全信号'，交通控制装置即使再多也不能保护我们"——这里所谓未能注意到的安全信号是指"不要司机时常都会看到你！如果有车驶过来，要和司机眼神接触，让他看见你并了解你的意图。再提醒一遍，过马路前先要停下"；"在脚步迈出路边石以前，总是要观察转弯的车辆，驾车人也有犯错误的时候"。③

从上述意义来看，如果说权利是立法的中心，那么义务立法就是立法的重心。

---

① Stephen Holmes, Cass R. Sunstein, *The Cost of Rights: Why Liberty Depends on Taxes* (New York: W. W. Norton & Company, 2000) 20—21.

② ［英］米尔恩、A. J. M.：《人的权利与人的多样性——人权哲学》，夏勇、张志铭译，中国大百科全书出版社 1995 年版，第 125—126 页。

③ 三藩市公共健康部：《行人安全手册》，三藩市公共健康部网（http://www.sfdph.org/dph/files/trafficsafety/PedSafety%20handbook%20Chinese.pdf）。

说到底，在权利义务的法律规定之间，立法者所要构造的、人们所需要的是相互尊重，而不是相互竞争。只有相互尊重，才能够在他人犯错的时候——每个人都难免犯错——以一颗宽容的心来原谅别人，而不是恶言相向或是爆发冲突；只有相互尊重，才能够让每个犯错的人——也就是我们每一个人——敢于承担、勇于承担自己的过错，而不是指责他人、滥用权利抑或权力。权利得到尊重的程度、保障程度和实现程度，最终决定着权利人对他人的尊重和关心，对社会的归属感和贡献；决定着人与人之间在法律维度之外的社会关系——那浓浓或是淡淡的人情味，那和谐融洽或是紧张冲突的相互关系。

回想起开始写作之时，"就像是处在一片沼泽地中一样……站在齐膝深的水中，大雾阻挡了视线，只知道肯定存在一条出路，却不知道它究竟在哪里"①。现在，终于可以理出一点点的头绪。但是，笔者并未感到一丝丝的窃喜，也并不能因此而稍稍松一口气。前路漫漫，只能以对法治的一点感悟，为权利而呐喊！为法治而呐喊！为中国梦而呐喊！

法治的理想，是让人民幸福！北京大学副校长吴志攀曾表示，如果有校友扶起摔倒的老人被起诉，北京大学将为其出钱赔偿、无偿提供法律援助。② 我们是不是可以换一个角度来思考？如果"校长撑腰体"撑起的是摔倒老人的医疗费，又何必等到事后浪费司法资源呢？如果校长撑腰能普遍化为国家为全社会撑腰，又何来道德评判的苦苦争议呢？如果认定每个人都没有救助他人的义务，那么摔倒老人的生存权该由谁来保障？向谁来主张？责无旁贷的必然是国家，是国家的医疗救助体系、社会保险体系。③ 广而言之，如果国家能够为民生、为人民幸福多负担一点，世态炎

---

① 德国前总理赫尔穆特·科尔的话，转引自［美］约翰·奈斯比特《世界大趋势——正确观察世界的 11 个思维模式》，魏平译，中信出版社 2009 年版，第 86 页。

② 郭少峰：《北大校长支持"撑腰体"副校长"撑腰做好事"言论引网络热议，周其凤称好人好事应诺多宣传》，《新京报》2011 年 11 月 3 日第 A17 版。

③ 在权利的法律保障中，一个不可回避的问题是如何处理国家与个人这一维度上的关系。社会保险体系的构建正可以化解诸如上述的社会问题。以全社会共同的力量抵御个人所要面对的社会风险——"社会保险是集全社会之力，为了满足那些不能丢给个人或者家庭之力来单独负担的需要，而采取的特殊的有组织的安排策略"；"社会保险的主要目标即在于通过对社会风险的理赔承诺来减少个人的经济不确定性"——让权利在社会大家庭中得以有效保障，让个人在社会大家庭中感受温暖。See The Constitutional Law Group, *Canadian Constitutional Law* (Fourth Edition), Toronto: Emond Montgomery Publications, 2010, pp. 229 – 230.

凉的惨剧就会减少一点：少一点老无所依的苦楚；少一点因病致贫、因病返贫的无奈；少一点连基本生活甚至出行都难以保障的残疾人；少一点为活命进监狱的酸楚，① 少一点"不想让女儿在世间受罪"的绝望！②

中国特色社会主义法律体系的建成，是我国法治建设的里程碑式的辉煌成就。我们的终极目标是什么？如果说良法善治是下一步的法制建设目标，最终我们要实现什么样的治理目的？法治的理想，在笔者看来，是"无需法律的秩序"。法律，伴随着人与人和谐的共识，润物细无声般地贯彻在人民自觉行为、自然生活之中；让每个人能尊重他人、尊重生命，让每个人在强烈的社会责任意识之下尽情地享受自由和权利，让每个人真正成为自觉践行法律、享受法律的人类历史创造者！

---

① 欧·亨利在《警察与赞美诗》中描述的为过冬而故意犯罪进监狱的故事并非只是虚构，身患严重再生障碍性贫血的犯罪嫌疑人在无力承受医疗费用的情况下故意抢劫，为的就是在监狱里享受免费医疗，以保住性命。参见徐光木《武汉晚报：中国版〈警察与赞美诗〉让人心酸》，人民网（http:// opinion. people. com. cn/GB/8419541. html）。试问：进监狱是否也是一项权利？如果只是将权利定义为利益之争，这一问题恐怕还真的有待讨论。这类悲剧产生的根源正在于社会保障未能满足个人生存的基本需要。

② 参见任俊兵《那天清晨，她掐死了两岁女儿（图）》，《山西晚报》2013 年 7 月 10 日第A11 版。

参考文献

一　中文论著

1. 张文显主编：《法理学》（第 3 版），高等教育出版社 2007 年版。
2. 张文显主编：《法理学》（第 2 版），法律出版社 2004 年版。
3. 周长龄：《法律的起源》，中国人民公安大学出版社 1997 年版。
4. 楚渔：《中国人的思维批判》（第 2 版），人民出版社 2011 年版。
5. 徐向华主编：《立法学教程》，上海交通大学出版社 2011 年版。
6. 汪全胜：《制度设计与立法公正》，山东人民出版社 2005 年版。
7. 苏国勋：《理性化及其限制——韦伯思想引论》，上海人民出版社 1988 年版。
8. 李旭东：《法律规范理论之重述：司法阐释的角度》，山东人民出版社 2007 年版。
9. 常健：《当代中国权利规范的转型》，天津人民出版社 2000 年版。
10. 孙国华、朱景文：《法理学》（第 3 版），中国人民大学出版社 2010 年版。
11. 中国社会科学院语言研究所词典编辑室：《现代汉语词典》（第 6 版），商务印书馆 2012 年版。
12. 《法治与现代行政法学——法治斌教授纪念论文集》，元照出版社 2004 年版。
13. 许崇德等编：《宪法》（第 3 版），中国人民大学出版社 2007 年版。
14. 曾宪义主编：《中国法制史》，北京大学出版社 2000 年版。
15. 周旺生：《立法学》（第 2 版），法律出版社 2009 年版。
16. 夏勇：《中国民权哲学》，生活·读书·新知三联书店 2004 年版。
17. 苏力：《法治及其本土资源》，中国政法大学出版社 1996 年版。
18. 公丕祥：《权利现象的逻辑》，山东人民出版社 2002 年版。

19. 邓正来：《中国法学向何处去——建构"中国法律理想图景"时代的论纲》（第 2 版），商务印书馆 2011 年版。

20. 马汉宝：《法律思想与社会保障》，清华大学出版社 2008 年版。

21. 张文显：《法哲学范畴研究》，中国政法大学出版社 2001 年版。

22. 李梅：《权利与正义——康德政治哲学研究》，社会科学文献出版社 2007 年版。

23. 汪全胜等：《立法后评估研究》，人民出版社 2012 年版。

24. 于建嵘：《抗争性政治：中国政治社会学基本问题》，人民出版社 2010 年版。

25. 董海军：《塘镇：乡镇社会的利益博弈与协调》，社会科学文献出版社 2008 年版。

26. 最高人民法院物权法研究小组：《中华人民共和国物权法条文理解与适用》，人民法院出版社 2007 年版。

27. 刘红婴等：《法律的关键词：法律与词语的关系研究》，知识产权出版社 2012 年版。

28. 宋北平：《法律语言》，中国政法大学出版社 2012 年版。

29. 王全兴：《劳动法学》，高度教育出版社 2003 年版。

二　外文译著

1. ［美］伯尔曼：《法律与革命》（第一卷），贺卫方等译，法律出版社 2008 年版。

2. ［美］波斯纳：《道德和法律理论的疑问》，苏力译，中国政法大学出版社 2001 年版。

3. ［美］帕特森：《法律与真理》，陈锐译，中国法制出版社 2007 年版。

4. ［德］马克斯·韦伯：《法律社会学：非正当性的支配》，康乐、简惠美译，广西师范大学出版社 2010 年版。

5. ［古希腊］亚里士多德：《政治学》，吴寿彭译，商务印书馆 1996 年版。

6. ［奥］凯尔森：《法与国家的一般理论》，沈宗灵译，中国大百科全书出版社 1996 年版。

7. ［美］格伦顿：《权利话语：穷途末路的政治言辞》，北京大学出版社 2006 年版。

8. ［美］托马斯·斯坎伦：《我们彼此负有什么义务》，陈代东、杨伟清、杨选等译，人民出版社 2008 年版。

9. ［印度］阿马蒂亚·森：《正义的理念》，王磊、李航译，刘民权校译，中国人民大学出版社 2012 年版。

10. ［德］哈贝马斯：《交往与社会进化》，张博树译，重庆出版社 1989 年版。

11. ［德］马克思、恩格斯：《马克思恩格斯全集》（第 1 卷），人民出版社 1956 年版。

12. ［德］罗伯特·阿列克西：《法：作为理性的制度化》，雷磊编译，中国法制出版社 2012 年版。

13. ［德］康德：《道德形上学探本》，唐钺译，商务印书馆 1959 年版。

14. ［美］安·赛德曼、罗伯特·鲍勃·赛德曼、那林·阿比斯卡：《立法学：理论与实践》，刘国福等译，中国经济出版社 2008 年版。

15. ［美］埃尔斯特：《心灵的炼金术：理性与情感》，郭忠华、潘华凌译，中国人民大学出版社 2009 年版。

16. ［英］威廉·葛德文：《政治正义论》（第一卷），何慕李译、关在汉校，商务印书馆 2007 年版。

17. ［美］德沃金：《认真对待权利》，信春鹰、吴玉章译，中国大百科全书出版社 1998 年版。

18. ［加拿大］格伦：《世界法律传统：法律的持续多样性》（第三版），李立红、黄英亮、姚玲译，北京大学出版社 2009 年版。

19. ［日］川岛武宜：《现代化与法》，王志安等译，中国政法大学出版社 2002 年版。

20. ［美］庞德：《法理学》（第四卷），王保民、王玉译，法律出版社 2007 年版。

21. ［英］阿蒂亚：《英国法中的实用主义与理论》，刘承韪、刘毅译，清华大学出版社 2008 年版。

22. ［美］庞德：《通过法律的社会控制》，商务印书馆 2008 年版。

23. ［美］亨特：《人权的发明：一部历史》，沈占春译，商务印书馆 2011 年版。

24. ［法］卢梭：《社会契约论》，杨国政译，陕西人民出版社 2003 年版。

25. ［法］孟德斯鸠：《论法的精神》（上），商务印书馆 1997 年版。

26. ［法］贡斯当：《古代人的自由与现代人的自由——贡斯当政治论文选》，商务印书馆 1999 年版。

27. ［日］大木雅夫：《东西方的法观念比较》，华夏等译，北京大学出版社 2004 年版。

28. ［美］伯尔曼：《法律与宗教》，梁治平译，生活·读书·新知三联书店 1991 年版。

29. ［英］伊辛、特纳主编：《公民权研究手册》，王小章译，浙江人民出版社 2007 年版。

30. ［美］桑斯坦：《权利革命之后：重塑规制国》，钟瑞华译，中国人民大学出版社 2008 年版。

31. ［美］查尔斯·比尔德：《共和对话录》，杨日旭译，东方出版社 2008 年版。

32. ［德］霍耐特：《为承认而斗争》，胡继华译，上海人民出版社 2005 年版。

33. ［美］乔尔·范伯格：《自由、权利和社会正义》，王守昌、戴栩译，贵州人民出版社 1998 年版。

34. ［德］马克思、恩格斯：《马克思恩格斯全集》（第 21 卷），人民出版社 1965 年版。

35. ［德］鲁道夫·冯·耶林：《为权利而斗争》，胡宝海译，中国法制出版社 2004 年版。

36. ［美］施特劳斯：《自然权利与历史》，彭刚译，生活·读书·新知三联书店 2003 年版。

37. ［英］德兰逊：《社会科学：超越建构论和实在论》，张茂元译，吉林人民出版社 2005 年版。

38. ［美］弗里德曼：《法律制度——从社会科学角度来观察》，李琼英、林欣译，中国政法大学出版社 2004 年版。

39. ［美］罗尔斯：《正义论》，何怀宏等译，中国社会科学出版社 1988 年版。

40. ［德］康德：《历史理性批判文集》，何兆武译，商务印书馆 1991 年版。

41. ［德］施密特：《论法学思维的三种模式》，苏慧婕译，中国法制出版社 2012 年版。

42. ［美］庞德:《普通法的精神》,唐前宏、廖湘文、高雪原译,法律出版社 2010 年版。

43. ［美］埃里克森:《无需法律的秩序:邻人如何解决纠纷》,苏力译,中国政法大学出版社 2003 年版。

44. ［美］潘恩:《人的权利》,田飞龙译,中国法制出版社 2011 年版。

45. ［美］亚瑟·亨·史密斯:《中国人的脸谱》,陕西师范大学出版社 2006 年版。

46. ［美］乔恩·埃尔斯特:《社会黏合剂:社会秩序的研究》,高鹏程等译,中国人民大学出版社 2009 年版。

47. ［美］弗里德利希·冯·哈耶克:《法律、立法与自由》(第二、三卷),邓正来、张守东、李静冰译,中国大百科全书出版社 2000 年版。

48. ［德］阿列克西:《法·理性·商谈:法哲学研究》,朱光、雷磊译,中国法制出版社 2011 年版。

49. ［美］卓贝克编:《规范与法律》,杨晓楠、涂永前译,北京大学出版社 2012 年版。

50. ［美］霍尔姆斯、桑斯坦:《权利的成本:为什么自由依赖于税》(第 2 版),毕竞悦译,北京大学出版社 2011 年版。

51. ［德］弗里德尼希·卡尔·冯·萨维尼:《论立法与法学的当代使命》,许章润译,中国法制出版社 2001 年版。

52. ［美］康斯特布尔:《正义的沉默:现代法律的局限和可能性》,曲广娣译,北京大学出版社 2011 年版。

53. ［美］比克斯:《法律、语言与法律的确定性》,邱昭继译,法律出版社 2007 年版。

54. ［美］约翰·奇普曼·格雷:《法律的性质与渊源》,中国政法大学出版社 2011 年版。

55. ［英］米尔恩、A. J. M.:《人的权利与人的多样性——人权哲学》,夏勇、张志铭译,中国大百科全书出版社 1995 年版。

56. ［美］约翰·奈斯比特:《世界大趋势——正确观察世界的 11 个思维模式》,魏平译,中信出版社 2009 年版。

三　学术论文

1. 刘爽:《中国立法,技术"粗劣"——周旺生教授访谈》,《法律与生活》2004 年第 7 期。

2. 季卫东：《论法制的权威》，《中国法学》2013 年第 1 期。

3. 张文显、姚建宗：《权利时代的理论景象》，《法制与社会发展》2005 年第 5 期。

4. 陈振明：《工具理性批判——从韦伯、卢卡奇到法兰克福学派》，《求是学刊》1996 年第 4 期。

5. 喻中：《论授权规则——以法律中的"可以"一词为视角》，山东大学法学理论博士学位论文，2006 年。

6. 刘风景：《立法目的条款之法理基础及表述技术》，《法商研究》2013 年第 3 期。

7. 熊文轩：《对几个法律条款的逻辑评析》，《现代法学》1990 年第 5 期。

8. 任丽莉：《我国宪法基本权利条款立法具体化之必要性分析》，《江南大学学报》（人文社会科学版）2010 年第 5 期。

9. 徐继强：《宪法权利规范的结构及其推理方式》，《法学研究》2010 年第 4 期。

10. 张福建：《权利条款入宪的争议：梅迪逊（James Madison）、联邦派与反联邦派》，《政治与社会哲学评论》2010 年第 9 期。

11. 李树忠：《平等权保护论》，中国政法大学诉讼法学博士学位论文，2006 年。

12. 周赟：《关于"应当"一词的立法建议》，《政法论丛》2006 年第 1 期。

13. 郭道辉：《中国的权利立法及其法理基础》，《甘肃政法学院学报》1995 年第 4 期。

14. 徐爽：《以权利制约权力——社会主义法律体系与基本权利立法实践的发展》，《政法论坛》2011 年第 6 期。

15. 征汉年、章群：《利益：权利的价值维度——权利本原解析之一》，《国家教育行政学院学报》2006 年第 7 期。

16. 于善旭：《论〈中华人民共和国体育法〉修改的基本路向》，《天津体育学院学报》2011 年第 5 期。

17. 田思源：《〈体育法〉修改的核心是保障公民体育权利的实现》，《天津体育学院学报》2011 年第 2 期。

18. 张鹏、汪全胜：《体育社团信息披露法律制度探析》，《天津体育学院学报》2009 年第 1 期。

19. 郝铁川：《权利冲突：一个不成为问题的问题》，《法学》2004 年第 9 期。

20. 许章润：《法律的实质理性——兼论法律从业者的职业伦理》，《中国社会科学》2003 年第 1 期。

21. 郑成良：《权利本位论：兼与封曰贤同志商榷》，《中国法学》1991 年第 1 期。

22. 张文显：《从义务本位到权利本位是法的发展规律》，《社会科学战线》1990 年第 3 期。

23. 张文显：《"权利本位"之语义和意义分析——兼论社会主义法是新型的权利本位法》，《中国法学》1990 年第 4 期。

24. 童之伟：《权利义务法理学方法论缺陷剖析》，《法学评论》1998 年第 6 期。

25. 张文显：《论人权的主体与主体的人权》，《中国法学》1991 年第 5 期。

26. 郭道辉：《论法的本质内容与本质形式》，《法律科学》（西北政法学院学报）2006 年第 3 期。

27. 张文显、于宁：《当代中国法哲学研究范式的转换——从阶级斗争范式到权利本位范式》，《中国法学》2001 年第 1 期。

28. 田思源：《对"体育基本法"的反思——再论"体育事业促进法"》，《法学杂志》2013 年第 3 期。

29. 姚建宗：《法治的多重视界》，《法制与社会发展》2000 年第 1 期。

30. 《我们的"底线"到底有多低?!》，《中国集体经济》2011 年第 5 期。

31. 齐延平：《论古希腊哲学中人权基质的孕育》，《文史哲》2010 年第 3 期。

32. ［日］铃木贤著、陈根发译：《中国法的思考方式——渐层的法律文化》，郑永流主编《法哲学与法社会学论丛·二〇〇七年第一期（总第十一期）》，北京大学出版社 2007 年版。

33. 吴宇虹：《从世界史角度看古代中国由奴隶制向半奴隶制社会的发展》，《东北师范大学学报》2005 年第 3 期。

34. 李文治：《论中国地主经济制与农业资本主义萌芽》，《中国社会科学》1981 年第 1 期。

35. 蒋燕玲：《论清代律例对雇工人法律身份的界定》，《社会科学家》2003 年第 5 期。

36. 李帆：《论清代畿辅皇庄》，《故宫博物院院刊》2001 年第 1 期。

37. 马岭：《国家权力与人的尊严》，《河北法学》2012 年第 1 期。

38. 高鸿钧：《法律成长的精神向度》，《环球法律评论》2003 年冬季号。

39. 张文显：《和谐精神的导入与中国法治的转型——从以法而治到良法善治》，《吉林大学社会科学学报》2010 年第 3 期。

40. 张文显：《民生呼唤良法善治——法治视野内的民生》，《中国党政干部论坛》2010 年第 9 期。

41. 蔡维音：《德国基本法第一条"人性尊严"规定之探讨》，《宪政时代》1992 年第 1 期。

42. 杨景宇：《物权法：一部具有里程碑意义的法律——物权法出台的背景和意义》，《理论参考》2007 年第 6 期。

43. 阿计：《〈物权法的"中国结"〉专题报道之三　一个新权利时代的开启》，《民主与法制》2007 年第 7 期。

44. 方新军：《权益区分保护的合理性证明——〈侵权责任法〉第 6 条第一款的解释论前提》，《清华法学》2013 年第 1 期。

四　报刊文献

1. 梁捷：《徐显明：形成法治体系是未来十年主要任务》，《光明日报》2013 年 2 月 21 日第 15 版。

2. 李林：《"良法善治"下实现稳定和谐》，《人民日报》2011 年 1 月 5 日第 17 版。

3. 王君琦：《如何从法律体系迈向法治体系——著名法学家关于中国特色社会主义法律体系形成的基本问题答问录》，《北京日报》2011 年 3 月 21 日第 17 版。

4. 刘庆传：《"中国式过马路"考问"中国式管理"》，《新华日报》2012 年 10 月 17 日第 B03 版。

5. 张辉、李丽：《严惩中国式过马路面临操作难题》，《中国青年报》2013 年 5 月 17 日第 3 版。

6. 陈勇、刘刚、栾心龙：《26 处路口右转，看灯——交警部门在路口设置提示标志　右转弯不让行人将挨罚》，《青岛早报》2013 年 6 月 25

日第 50 版。

7. 信春鹰、席锋宇：《信春鹰：见证国家法制化前行之路》，《法制日报》
　　2012 年 9 月 8 日第 1 版。

8. 叶小文：《从"人权入宪"到"人权入法"》，《人民日报》（海外版）
　　2012 年 3 月 9 日第 1 版。

9. 周暹：《无障碍设施尚待"无缝衔接"》，《北京日报》2012 年 5 月 21
　　日第 7 版。

10. 张昕：《人行天桥不人性　特殊人群难过桥——记者巡城发现，大部
　　分天桥无障碍设施不完善，怀抱婴儿者、残障人士过桥不便》，《南方
　　日报》2013 年 5 月 30 日第 A03 版。

11. 刘植荣：《从〈撒玛利亚好人法〉看国外如何应对施救顾虑和见死不
　　救》，《羊城晚报》2011 年 10 月 29 日第 B7 版。

12. 辛鸣：《改革转型：从利益追求到权利保障》，《南风窗·双周刊》
　　2010 年第 1 期。

13. 孙琳、刘少杰、翟学伟：《"陌生人社会"中的制度化生存——与省社
　　科院胡光伟谈"熟人社会"向"陌生人社会"转型》，《四川日报》
　　2006 年 12 月 19 日第 7 版。

14. 《上海夫妇被美航班赶下飞机事件：反复让空乘闭嘴》，《钱江晚报》
　　2012 年 2 月 21 日第 A14 版。

15. 魏志奇：《规则意识缺失，症结在哪里》，《北京日报》2013 年 5 月 13
　　日第 18 版。

16. 陈晓星：《内地香港　善待"差异"》，《人民日报》（海外版）2012
　　年 2 月 6 日第 3 版。

17. 林野、李禹潼：《埃及 3000 年神庙浮雕现"到此一游"——部分中国
　　游客感羞愧，网友人肉"题名者"；律师称是否构成犯罪要看文物损
　　坏程度》，《新京报》2013 年 5 月 26 日第 A04 版。

18. 黄稻：《社会主义法治的权利平等性》，《光明日报》2002 年 11 月
　　19 日。

19. 彭玉磊：《外来移民：欧洲的难言之痛》，《广州日报》2013 年 6 月 2
　　日第 A7 版。

20. 杨国栋：《怎能用违法手段惩治不文明行为》，《西安晚报》2013 年 6
　　月 20 日第 2 版。

21. 黄蓉芳：《专家画救护车塞车黑地图》，《广州日报》2013 年 5 月 27 日第 A4 版。

22. 陈丽平：《我国首次全面修改消费者权益保护法——草案增加了消费者协会职能赋予其诉讼主体地位》，《法制日报》2013 年 4 月 24 日第 3 版。

23. 吕楠芳：《飞机失事后逃生"黄金"时间仅 50 秒——乘务员爆国人机上逃生常识基本空白，需加强自救安全意识》，《羊城晚报》2013 年 7 月 8 日第 A03G 版。

24. 崔木杨：《折翼旧金山——飞行员最后时刻向塔台连呼"听不清"；飞机触地时乘客头撞天花板》，《新京报》2013 年 7 月 8 日第 A8—A9 版。

25. 杨鋆晖：《无须对幸存者徐达更多苛求》，《杭州日报》2013 年 7 月 10 日第 A2 版。

26. 习近平：《顺应时代前进潮流促进世界和平发展——在莫斯科国际关系学院的演讲》，《人民日报》（海外版）2013 年 3 月 25 日第 2 版。

五 立法技术规范

1. Legislative Council Division of Research. Drafting Delaware Legislation.

2. 广东省人民代表大会常务委员会：《广东省人民代表大会常务委员会立法技术与工作程序规范（试行）》。

3. 上海市人民政府法制办公室：《政府规章立法技术规范研究》。

4. 全国人民代表大会常务委员会法制工作委员会：《立法技术规范（试行）（一）》。

5. 全国人民代表大会常务委员会法制工作委员会：《立法技术规范（试行）（二）》。

6. 水利部：《水利立法技术规范》。

7. 香港律政司：《法律草拟文体及实务指引》。

六 英文文献

1. Saskatchewan Government Insurance，"Basic information and rules of the road"，http：//www. sgi. sk. ca/individuals/licensing/studyguides/drivers-handbook/roadrules/turning. html.

2. Pavlos Eleftheriadis, Legal Rights（Oxford：Oxford University Press，

2008).

3. Hunter v. Southam Inc., [1984] 2 SCR 145, 41 CR (3d) 97.

4. Moira McCarney, Ruth Kuras, Annette Demers, Shelley Kierstead, The Comprehensive Guide to Legal Research, Writing & Analysis (Volume 1), (Toronto: Emond Montgomery Publications Limited, 2013).

5. Quebec Charter of Human Rights and Freedoms, RSQ 1980 cC12.

6. Graham Hushes, "Criminal Omissions", 67 Yale L. J. 590 (1958).

7. Lynn Hunt, Inventing Human Rights (New York: W. W. Norton & Company, 2007).

8. A. Prentice et al., Canadian Women: A History (Toronto: HBJ-Holt Canada, 1988).

9. Reinhard Bendix, Max Weber: An Intellectual Portrait (Berkeley and Los Angeles: University of California Press, 1977).

10. Franklin D. Roosevelt, "Message to the Congress on the State of the Union", http://www.udhr.org/history/1 - 11 - 44. htm.

11. Roscoe Pound: "What is Law?" West Virginia law Quarterly and the Bar, 1940, Volume XL VII.

12. Joel Feinberg, "The Nature and Value of Rights", 4 Journal of Value Inquiry (1970).

13. Oliver Wendell Holmes, The Common Law (New Brunswick, New Jersey: Transaction Publishers, 2005).

14. John Rawls, Political Liberalism (New York: Columbia University Press, 1993).

15. Stephanie Ben-Ishai, David R. Percy, Contracts: Cases and Commentaries (Eighth Edition) (Toronto: Carswell, 2009).

16. Syndicat Northcrest v. Amselem, 2004 SCC 47, [2004] 2 SCR 551.

17. R. v. Gladue, [1999] 1 SCR 688, 133 CCC (3d) 385.

18. Legislative Summary of Bill C - 26: The Citizen's Arrest and Self-defence Act, http://www. parl. gc. ca/About/Parliament/LegislativeSummaries/bills_ ls. asp? Language = E&ls = c26&Parl = 41&Ses = 1&source = library_ prb#a11.

19. Bettel v. Yim [1978], 88 DLR (3d) 543, 5 CCLT 66 (Ont. Co . Ct.).

20. Wackett v. Calder［1965］, 51 DLR（2d）598, 1965 CarswellBC 196（BC-CA）.

21. Government of Canada, Multicultural Society, http: //www. cic. gc. ca/english/newcomers/before-multicultural. asp.

22. Government of Canada, Human Rights, http: //www. cic. gc. ca/english/newcomers/before-rights. asp.

23. Ronald Dworkin, Taking Rights Seriously（Cambridge: Harvard University Press, 1977）.

24. Guy Regimbald, Dwight Newman, The Law of the Canadian Constitution（Student ed. ）（Markham: LexisNexis Canada, 2013）.

25. The Sunday Times v. The United Kingdom,（1980）2 EHRR 245,［1979］ECHR 1.

26. R. v. Downey,［1992］2 SCR 10, 13 CR（4th）129.

27. R. v. Oakes,［1986］1 SCR 103, 24 CCC（3d）321.

28. B.（R.）v. Children's Aid Society of Metropolitan Toronto, ［1995］1 SCR 315, 122 DLR（4th）1. p. 318.

29. R. v. Edwards Books & Art Ltd. ,［1986］2 SCR 713, 30 CCC（3d）385.

30. Hudson County Water Co. v. McCarter, 209 US 349, 28 S Ct 529（1908）.

31. Trinity Western University v. British Columbia College of Teachers, 2001 SCC 31,［2001］1 SCR 772.

32. Saskatchewan Driver's Licensing and Vehicle Registration. Saskatchewan Driver's Handbook, http: //www. sgi. sk. ca/pdf/handbook/2012_ DriversHandbook_ All. pdf.

33. Thomas W. Merrill, "Property and the Right to Exclude", 77 Neb. L. Rev. 730（1998）.

34. Kaiser Aetna v. United States, 444 US 164, 100 S Ct 383（1979）.

35. Felix Cohen, "Dialogue on Private Property", 9 Rutgers L. Rev. （1954 –1955）.

36. Bruce Ziff, Jeremy de Beer, Douglas C. Harris and Margaret McCallum, A Property Law Reader: Cases, Questions, and Commentary（Third Edition）（Toronto: Carswell, 2012）.

37. Richard S. Wurman, Information Anxiety (New York: Doubleday, 1989).

38. David C. Elliott, New Technology and Drafting: The Latest Devices, Techniques and Ideas, http: //www. ciaj-icaj. ca/en/publications/papers-a-articles/legislative-drafting.

39. Sir John Donaldson's Comment in Merkur Island Shipping Co. v. Laughton [1983] 1 All ER.

40. David C. Elliott, Writing Rules: Structure and Style, http: //www. ciaj-icaj. ca/en/publications/papers-a-articles/legislative-drafting.

41. F. A. Hayek, Law, Legislation and Liberty, Volume 2: The Mirage of Social Justice (London: Routledge and Kegan Paul Ltd. , 1976).

42. Stephen Holmes, Cass R. Sunstein, The Cost of Rights: Why Liberty Depends on Taxes (New York: W. W. Norton & Company, 2000).

43. The Constitutional Law Group, Canadian Constitutional Law, (Fourth Edition) (Toronto: Emond Montgomery Publications, 2010).

致 谢

对于权利问题的关注和思考，已然成为山东大学法学院的一种时尚、一种积淀。感谢齐延平教授、陈金钊教授，在授课中带来的思想震撼，坚定了我进行权利立法研究的决心和信心。感谢房绍坤教授、姜世波教授、王瑞君教授、焦宝乾教授、桑本谦教授在学位论文答辩时提出的宝贵意见，感谢华侨大学图书馆的陈小蓉老师在查找资料方面给予我的大力支持，感谢山东大学的博士研究生李亮、赵玉洁、李娟、张芃、李亚东和鲁东大学邵慧燕老师在本书写作期间给予的各方面的帮助。

感谢加拿大萨斯喀彻温大学 Professor George Tannous 及家人为我带来的启迪；感谢 Professor Ibironke Odumosu-Ayanu、Professor Signa A. Daum Shanks、Professor Glen Luther 等老师的授业解惑；感谢 Enbury Blashill、Mandeep Minhas、Francine Merasty、Nordika Jade、Nicholas Koltun 等同学的热情帮助。

特别感谢中国社会科学出版社的编辑许琳老师，在本书出版过程中给予我无私的指导和帮助，在我彷徨时给予我的理解和鼓励！

尤为感谢的，是我的导师汪全胜教授。是汪老师，在科研上不遗余力地引导我、帮助我；是汪老师，为人师表的人格魅力，勤奋刻苦的拼搏精神，督促我加倍努力。

感谢我的父母，是你们对儿子的理解与宽容，是你们毫无保留的支持，才让儿子一路走来未曾放弃。感谢我的岳父岳母，从来没有一句怨言，只是默默地支持我的决定，呵护我，鼓励我，帮助我，为我指明前进的方向，为我注入前所未有的追求理想的信心和动力。更要感谢我的爱人姜鞯鞯，在这个物欲横流的环境中给了我坚定的支持、陪我苦读，更帮助我在生活中觅得智慧的火花。这些抽象的词汇，说来容易，但点点滴滴都融入了真情所在。